수도자의 큐티

수도자의 큐티

초판 1쇄 발행 | 2020년 6월 5일

지 은 이 | 하정완
펴 낸 이 | 이한민
펴 낸 곳 | 아르카

등록번호 | 제307-2017-18호
등록일자 | 2017년 3월 22일
주   소 | 서울 성북구 숭인로2길 61 길음동부센트레빌 106-1805
전   화 | 010-9510-7383
이 메 일 | arca_pub@naver.com

홈페이지 | www.arca.kr
블 로 그 | arca_pub.blog.me
페이스북 | fb.me/ARCApulishing

책   값 | 뒤표지에 있습니다
I S B N | 979-11-89393-15-1 03230

아르카ARCA는 기독출판사이며 방주ARK의 라틴어입니다(창 6:15).
네가 만들 방주는 이러하니 … 새가 그 종류대로, 가축이 그 종류대로,
땅에 기는 모든 것이 그 종류대로 각기 둘씩 네게로 나아오리니 그 생명을 보존하게 하라 _창 6:15,20

아르카는 (사)한국기독출판협회 회원 출판사입니다.

내가 하나님께 익숙해지는 말씀묵상 심화과정

수도자의 큐티

하정완 지음

아르카

하나님만 말씀하게 하십시오

3하나님이 이르시되 빛이 있으라 하시니 빛이 있었고 … 6하나님이 이르시되 … 7그대로 되니라_창 1:3,6,7

이분이 우리 하나님이십니다. 하나님의 입에서 나오는 말씀은 그대로 능력이십니다. 하나님에 대하여 여러 가지 생각이 있을 수 있지만, 우리 하나님은 이런 분이십니다. 그런데 하나님이 우리에게 말씀하신다니요! 그것 자체가 우리에게 능력이 됩니다.

세상은 혼돈과 공허이다

알다시피 하나님이 말씀하시기 전의 상황은 상상할 수 없는 혼란이었고 어둠이었으며 절망이었습니다. 아무 것도 없었던 완벽한 카오스(chaos)였습니다.

1태초에 … 2땅이 혼돈하고 공허하며 흑암이 깊음 위에 있고 하나님의 영은 수면 위에 운행하시니라_창 1:1-2

세상의 모습이 이랬습니다. 그런데 하나님의 말씀이 세상을 새롭게 한 것입니다. 그것이 창조(creation)입니다. 여기서 확실하게 알아야 할 것은 세상은 원래 공허하고 혼돈했다는 사실입니다. 그것이 세상의 본질입니다. "세상의 본질이 허무와 혼돈이었다!"

그런데 사람들이 이것을 모릅니다. 우리가 세상을 살면서 아무리 다짐하고 다짐해도 다시 허무와 무의미가 반복되는 이유도 세상의 근거가 허무와 혼돈이기 때문입니다. 우리가 세상에서 그토록 열심히 일하면서 돈을 벌고 권력을 얻으려고 애쓰지만, 인생 마지막의 결론이 '허무'가 되는 이유입니다. 우리 역시 이 세상의 일부이기 때문입니다. 우리 역시 허무와 혼돈 같은 상태에 있었다는 뜻입니다. 그것이 바로 사람이 근원적 공허와 불안을 체험하는 이유입니다. 하나님 없이, 하나님의 말씀 없이 우리가 그 모든 공허와 불안으로부터 해결될 수 없는 이유이자 늘 영적 굶주림을 느끼는 이유입니다. 그런데 이 사실을 잊고 우리의 힘으로 살아가려 합니다.

생각해보십시오. 새해 첫날, 처음 떠오르는 태양을 보는 것이 무슨 의미가 있고 말일에 보신각의 종소리를 듣는 것이 무슨 의미가 있습니까? 어제와 오늘이 무엇이 다릅니까? 고작해야 답답한 방을 환기시키는 창문 열고 닫기 정도일 뿐, 다를 것이 무엇이겠습니까?

지금 우리에게 필요한 것은 다른 삶의 방법입니다. 그렇다면 다른 삶의 방법이란 어떻게 사는 것입니까?

창세기 이야기로 다시 돌아가겠습니다.

1태초에 ··· **2**땅이 혼돈하고 공허하며 흑암이 깊음 위에 있고 하나님의 영은 수면 위에 운행하시니라 _창 1:1-2

이 세상의 원래 재료와 모습은 혼돈과 공허였습니다. 그것이 변하여 세상이 만들어진 것입니다. 그러면 무엇으로 만들어진 것입니까? 바로 말씀이었습니다. 말씀이 선포되는 순간 세상은 공허에서 질서가 잡혔고, 혼돈에서 소망이 생겼으며, 죽음에서 생명이 드러났습니다. 하나님이 말씀하셨기 때문입니다. 사람도 마찬가지입니다. 우리에게도 말씀이 절대적으로 필요합니다. 그런 까닭에 주님이 이렇게 말씀하신 것입니다.

사람이 떡으로만 살 것이 아니요 하나님의 입으로부터 나오는 모든 말씀으로 살 것이라 하였느니라 _마 4:4

말씀이 유일한 방법이다

다른 방법은 없습니다. 우리를 새롭게 하는 것은 오직 하나님의 말씀밖에 없습니다. 그러니 하나님의 말씀이 답입니다. 말씀이 우리 안에서 역사하시고 우리를 이끄실 것이기 때문입니다. 어제까지의 삶이 혼돈과 공허, 실패와 절망 가운데 있었을지라도 상관없습니다. 답은 한 가지뿐입니다. "하나님만 말씀하게 하십시오."

그러므로 말씀을 받아들이십시오. 그 말씀이 내 안에 이루어지게 자신을 열어놓으십시오. 그 순간 우리는 진정 새로운 창조물이 될 것입니다. 그래서 바울은 우리가 말씀이신 그리스도 안에 있을 때 새로운 피조물이 된다고 선포한 것입니다.

> 그러므로 누구든지 그리스도 안에 있으면 새로운 창조입니다. (If anyone is in Christ, he is a new creation.) 이전 것들은 지나갔고, 보십시오. 새 것들이 와 있습니다. _고후 5:17, 쉬운성경

New Creation! 새로운 창조물이 된 것입니다.

그런데 문제는 무엇입니까? 우리가 여전히 하나님의 말씀을 듣지 못하는 영적 청각장애인인 것입니다. 듣지 못하는 상태가 문제입니다. 말씀을 듣지 못하기 때문에 새로운 창조가 이루어지지 않는 것입니다. 그런데 더 큰 문제는 우리가 하나님의 말씀을 듣고 싶어하지 않는다는 사실입니다.

말씀이 들려야 한다

이스라엘 백성이 애굽을 떠난 지 3개월 되던 날에 시내 광야에 이르렀습니다(출 19:1). 시내 광야에 있는 산으로 모세를 부르신 하나님은 모세에게 이스라엘을 향한 하나님의 계획을 말씀하셨습니다. 그 계획의 핵심은 이스라엘을 구별하여 세상 나라의 중보자로서 '제사장 나라'가 되게 하는 것이었습니다. 이스라엘을 애굽에서 불러내신 이유였습니다.

⁴내가 애굽 사람에게 어떻게 행하였음과 내가 어떻게 독수리 날개로 너희를 업어 내게로 인도하였음을 너희가 보았느니라 ⁵세계가 다 내게 속하였나니 너희가 내 말을 잘 듣고 내 언약을 지키면 너희는 모든 민족 중에서 내 소유가 되겠고 ⁶너희가 내게 대하여 제사장 나라가 되며 거룩한 백성이 되리라 너는 이 말을 이스라엘 자손에게 전할지니라 _출 19:4-6

이 말씀을 들은 모세가 백성들에게 가서 전하였습니다. 그때 백성들은 모두 이구동성으로 "여호와께서 명령하신 대로 우리가 다 행하리이다"(출 19:8)라고 대답하였습니다. 그후 하나님이 다시 모세를 시내 산 꼭대기로 부르셨습니다. 그리고 하나님은 매우 구체적인 계명을 이스라엘에게 허락하셨는데, 바로 십계명입니다. 모세는 그 십계명을 가지고 백성들에게 나아가 전하였습니다. 이미 백성들은 명하신 대로 다 행하겠다고 약속했었기 때문입니다. 그런데 이상한 일이 벌어집니다. 백성들이 이상한 반응을 보인 것입니다.

¹⁸뭇 백성이 우레와 번개와 나팔 소리와 산의 연기를 본지라 그들이 볼 때에 떨며 멀리 서서 ¹⁹모세에게 이르되 당신이 우리에게 말씀하소서 우리가 들으리이다 하나님이 우리에게 말씀하시지 말게 하소서 우리가 죽을까 하나이다 _출 20:18-19

하나님이 말씀하신 내용을 들으면서 백성들은 정작 그 말씀이 두

려워졌습니다. 그래서 그 말씀을 직접 듣고 싶지 않다고 말한 것입니다. 들겠다고 다짐했던 이들이 직접 말씀하지 말라고 반응한 이유는 무엇입니까?

"우리가 죽을까 하나이다"라는 표현에서 알 수 있듯이 그들은 하나님이 두려웠습니다. 그 이유는 자신들의 죄 된 모습 때문이었을 것입니다. 그러니까 하나님을 믿지만 적당히 믿고 싶은 것입니다. 그래서 십계명으로 대표되는 구체적인 명령을 들었을 때, 그들은 귀를 막은 것입니다. 설령 듣더라도, 그것은 하나님의 음성에 청종하기 위한 것이 아니라 자신의 소원을 구하기 위한 조건 같은 것이었습니다. 이런 까닭에 우리가 하나님의 음성을 듣지 못하는 것입니다.

듣지 못하기 때문에 우리의 삶에 기적과 놀라운 삶이 주어지지 않습니다. 오로지 우리 자신의 힘과 능력으로만 사는 것입니다. 그러므로 무엇보다 먼저 말씀이 들려야 합니다. 하나님이 말씀하셨을 때 혼돈과 공허가 변화하여 세상이 창조되었기 때문입니다. 이처럼 말씀이 들릴 때부터 우리는 새로운 창조적 존재가 될 것입니다. 그것이 기독교의 비밀이기도 합니다. 그러므로 말씀 묵상은 하나님의 음성을 듣기 위해 우리가 할 수 있는 최선인 것입니다.

말씀을 듣기 위하여

다시 반복하지만 문제는 말씀이 들리지 않는 것입니다. 예수님도 이 문제의 심각성을 알고 계셨습니다. 그래서 꺼낸 말씀이 씨 뿌리는 자의 비유입니다.

어떤 씨 뿌리는 자가 씨를 뿌렸는데, 그 씨의 일부는 길가에, 또 다른 일부는 가시떨기밭과 얕은 돌밭에 떨어졌고 나머지는 (대부분이겠지만) 좋은 땅에 떨어졌습니다. 그런데 길가에 떨어진 씨는 새들이 와서 먹어버렸고, 가시떨기밭이나 돌밭에 떨어진 씨는 자라다가 결실치 못하였으나, 좋은 땅에 떨어진 씨는 많은 열매를 맺었다는 이야기입니다. 이렇게 매우 상식적인 이야기를 하신 데는 분명한 이유가 있습니다. 마가복음 4장 1절부터 34절까지를 한 호흡으로 읽어 보면 그 답이 보입니다. '씨'가 '말씀'이고 '밭'이 사람의 내면 상태를 상징한 것인데, '길가, 돌밭, 가시떨기밭, 좋은 땅'으로 사람의 상태를 비유하신 것입니다. 이같이 구분하신 이유는 우리의 내면 상태에 따라 말씀이 잘 들리기도 하고 들리지 않기도 한다는 것을 말하시려는 것입니다. 주님은 매우 중요한 말씀을 던지셨습니다.

들을 귀 있는 자는 들으라 _ 막 4:9

주님은 "듣지 못하는 너희들도 문제다"라고 말씀하신 것입니다. 그러므로 말씀을 들을 수 있도록 마음을 훈련하는 것 역시 소홀히 해서는 안됩니다. 분명 말씀을 묵상하고 그 말씀을 통하여 하나님의 음성을 듣는 것은 쉬운 일이 아닙니다. 어찌 보면 지루하고 절망적일 수도 있습니다. 하지만 주님은 씨 뿌리는 행위를 하나님 나라가 임하는 것과 같다고 비유하시면서, 언제 어떻게 이뤄지는지 모르지만 분명히 뿌려진 씨가 자라는 신비를 말씀하셨습니다.

²⁶하나님의 나라는 사람이 씨를 땅에 뿌림과 같으니 ²⁷그가 밤낮 자고 깨고 하는 중에 씨가 나서 자라되 어떻게 그리 되는지를 알지 못하느니라 _막 4:26-27

지루해 보이지만 말씀을 듣고 묵상하고 받아들이는 추구를 멈춰서는 안 됩니다. 말씀이 나에게 떨어지면 언젠가 반드시 사건이 일어나고 강력하고 폭발적인 확장이 이뤄질 것입니다. 시간의 문제일 뿐입니다. 종교개혁을 비롯하여 모든 영적 부흥 운동에는 말씀이 살아 역사하는 것이 궤를 같이 했습니다.

말씀은 문제 없습니다. 사람이 문제입니다. 그러니 방법 역시 말씀입니다. 말씀만이 우리를 변화시킬 수 있습니다. 어느 날 어떻게 그리 되는지 알 수 없지만, 변화된 우리를 결국 만날 것입니다. 말씀은 그 자체로 그리스도 예수이시기 때문입니다.

이 책이 이 시대의 수도자와 같은 당신의 말씀 묵상을 도와 하나님의 말씀을 더 깊이 이해하고 더 잘 들리도록 도울 것입니다. 그리하여 분명 하나님의 말씀이 선명히 들리는 날을 만날 것입니다. 분명 말씀의 회복이 한국교회의 회복과 제2의 종교개혁으로 이끌 것입니다. 그렇게 기도합니다.

"말씀의 회복이 부흥의 시작입니다."

하정완 목사

차례

1 렉시오 디비나 큐티

2 큐티와 침묵

3 다른 독법

4 큐티의 깊이

제1일

말씀이 스스로
말씀하게 하십시오

큐티를 할 때 알아야 할 매우 중요한 한 가지 명제는 이것입니다.

"Scriptura sancta sui ipsius interpres. 성경은 스스로 해석한다."

그동안 우리는 듣기 좋도록 미리 구분해놓은 말씀을 듣는 데 이미 너무나 길들여져 왔습니다. 하나님이 우리에게 하고 싶은 말씀이 아니라 우리가 듣고 싶은 말씀만 듣는 것입니다.

만일 우리가 이런 태도를 포기하고 하나님의 말씀을 들으려고 마음을 열고 귀를 쫑긋 세우는 순간, 하나님의 말씀이 들릴 것입니다. 하나님은 성경을 통해 말씀하시기 때문입니다. 엄밀히 말해 성경은 하나님의 말씀 그 자체이십니다. 그래서 요한복음은 예수 그리스도가 말씀이시라는 놀라운 고백으로 시작합니다.

말씀이 육신이 되어 우리 가운데 거하시매 우리가 그의 영광을 보니 아버지의 독생자의 영광이요 은혜와 진리가 충만하더라 _요 1:14

"말씀이 육신이 되었다"고 요한이 밝혔듯이, 말씀은 하나님을 계시한 사건입니다. 말씀이 곧 예수 그리스도이신 겁니다. 그래서 말씀은 그 자체로도 일하십니다. 내가 지금 묵상하고 받는 말씀이 우리 안에서 스스로 일하시는 것을 믿으라는 말입니다. 그래서 히브리서 기자는 하나님의 말씀을 살아있는 인격체로 표현하였습니다.

하나님의 말씀은 살아 있고 활력이 있어 좌우에 날선 어떤 검보다도 예리하여 혼과 영과 및 관절과 골수를 찔러 쪼개기까지 하며 또 마음의 생각과 뜻을 판단하나니 _히 4:12

더욱 중요한 것은, 말씀이 살아있는 운동성을 가진 하나님의 인격이시기에 우리에게 위로만 주시는 것이 아니라, 바르게 가르치고 바르게 인도하며 바르게 책망하고 바르게 만드십니다. 결국 우리를 온전한 인격을 가진 존재로 만드신다는 사실입니다.

16모든 성경은 하나님의 감동으로 된 것으로 교훈과 책망과 바르게 함과 의로 교육하기에 유익하니 17이는 하나님의 사람으로 온전하게 하며 모든 선한 일을 행할 능력을 갖추게 하려 함이라 _딤후 3:16–17

마틴 하이데거는 "하나님은 언어 속에 거하신다"는 매우 중요한 논지를 뽑아냈고, 그의 제자 중의 한 사람인 게르하르트 에벨링은 하나님이 거하시는 곳으로서 성경 말씀을 강조했습니다. 뿐만 아니라 그 말씀이 하나님이 존재하시는 집이라면, 그 말씀을 받을 준비가 된 자들에게 말씀은 언제나 당연히 하나님으로서 나타나시기 때문에 사건(Word-Event)이 된다고 주장합니다. 말씀이 그 자체로 사건을 일으키는 '로고스'이시기 때문입니다.

루터가 종교개혁을 일으키면서 의식, 전통, 예전보다 말씀을 강조하며 '오직 말씀으로'(sola scriptra)라는 명제를 들고 나온 것 역시, 말씀이 스스로 자신을 드러내시는 말씀의 인격성과 생명성을 알았기 때문입니다. 그래서 루터는 "Scriptura sacra sui ipsius interpres", 곧 "성경은 스스로 자신을 해석한다"라는 놀라운 말을 한 것입니다.

읽기(Lectio)와 듣기

그런데 이상한 것은 우리가 이 놀라운 말씀을 열심히 공부하고 큐티도 열심히 한 것 같은데, 우리 삶에 변화가 없는 것입니다. 왜 우리의 삶이 변화되지 않는 것입니까? 그 이유는 건조한 지식의 습득에만 전념하였기 때문입니다. 많은 공부를 통해서 성경 지식의 엘리트는 되었을지 몰라도, 참된 성경의 사람이 되는 것에는 무엇인가 문제가 있었던 것입니다. 도대체 무엇이 문제였던 것입니까? 우선 기본 전제가 잘못되었습니다. 성경이 하나님의 말씀이라면 성경은 읽는 것이 아니라 들어야 했기 때문입니다. 처음부터 성경은 듣는 것으로부터 시작해야 합니다.

> 이스라엘아 들으라 우리 하나님 여호와는 오직 유일한 여호와이시니 _신 6:4

구약의 대표적 명령을 '쉐마'라고 합니다. 그 처음 시작은 "들으라"는 명령으로 시작합니다. 이스라엘 모든 백성이 반드시 지켜야 할 하나님의 명령이었습니다.

'들으라'는 뜻의 단어 '쉐마'는 히브리어 '솨마'의 명령형이 음역된 것으로, 유대인들은 이 말씀을 '쉐마 명령'이라고 부릅니다. 핵심은 듣는 것에 있다는 말입니다.

듣는 것, 그것이 하나님의 말씀을 읽는 태도입니다. 그런데 지금까지 우리의 성경공부는 물론이고 심지어 큐티의 주된 내용조차 능동적인 의미에서 공부였습니다. 듣는 것을 소홀히 한 측면이 있습니다. 그 순간 우리는 많은 지식들이 쌓여 똑똑해졌는지는 몰라도, 듣는 것이 없어 여전히 변화가 없는 삶을 살게 된 것입니다.

물론 자기 자신은 듣는다고 말할지 모릅니다. 하지만 말씀을 듣는 것, 그것도 하나님이 나에게 하시는 말씀으로 들을 때 변화는 반드시 일어나게 되어 있습니다. 그 말씀을 하시는 분이 하나님이시기 때문입니다. 그러므로 삶에 변화가 일어나지 않았다면, 그 원인은 제대로 듣지 않았거나 자기가 듣고 싶은 말만 들었을 확률이 높습니다. 그것은 들은 것이 아닙니다.

왜 우리는 듣지 못하거나 듣고 싶은 말만 듣는 것입니까? 왜 이런 현상이 벌어집니까? 가장 큰 이유는 듣지 못하는 것이 아니라, 오랜 시간 동안 만들어져 갖고 있는 옛 사람의 필터로 읽고 듣기 때문입니다. 우리 안의 거짓 자아가 갖고 있는 숨은 동기로 말씀을 듣는 것입니다. 그러므로 듣는 그릇이 문제입니다. 많이 들었지만 언제나 하나님의 말씀은 그냥 흘려보내는 그릇이 문제이고, 필터가 문제일 수밖에 없는 것입니다.

큐티 수련

이 책으로 큐티 수련을 하는 동안 성경 말씀을 택할 수 있는 방법이 세 가지 있습니다. 어느 것을 택하든 관계없지만, 큐티를 처음 하는 분은 세 가지 중에서 1번을 택하는 것이 더 도움이 될 것입니다.

① <수도자의 큐티>가 제시하는 본문으로 큐티한다.
② 현재 자신 또는 속한 공동체가 택하고 있는 큐티 교재를 사용한다.
③ 큐티 교재 없이 자신이 임의로 선택한 성경을 읽어가면서 한다.

큐티의 첫 번째 기본은 말씀을 읽는 것입니다. 그러나 정확하게 말하면 말씀을 듣는 것입니다. 우리가 말씀을 읽을 때, 그 말씀이 스스로 말씀하시는 인격적인 존재임을 믿어야 하는 것입니다. 설교 말씀을 수동적으로 듣는 것이나 해석된 말씀을 책으로 읽기를 넘어서, 하나님의 말씀 자체를 읽고 묵상하면서 듣는 것입니다. 하나님께서 우리에게 허락하신 성경 말씀은 그 자체가 인격적이시며 스스로 일하시기 때문에, 우리가 성경 말씀만으로도 하나님의 실제적인 음성을 들을 수 있는 것이 당연하기 때문입니다.

또한 이해하기 위하여 말씀을 읽는 것이 아니라 하나님이 나에게 말씀하시기를 기대하면서 읽어야 합니다. 따라서 말씀 읽기는 당연히 듣기여야 합니다. 오로지 하나님만이 말씀하시기를 기대하면서 말입니다. 그러므로 하나님이 나에게 말씀하시기를 간절히 사모하면서 읽으십시오. 그런 준비가 되어 있다면 단 한 번만으로도 하나님이 하시는 말씀을 충분히 들을 수 있을 것입니다.

예를 들어 조선시대 때 과거시험장에서 감독관이 이렇게 말했다고 가정하겠습니다.

"단 한 번만 문제를 읽어줄 것입니다. 두 번 다시 말하지 않을 것이고 어떤 질문도 받지 않습니다."

이런 공지를 들은 수험생들은 전심으로 한 마디도 놓치지 않고 감독관의 말씀을 들으려 할 것입니다. 성경은 최소한 이런 태도로 읽어야 합니다.

읽기 방법

그렇다면 어떻게 읽어야 합니까? 우리는 하나님이 오늘 나에게 하실 말씀이 무엇인지 겸손하게 묻는 기도를 한 후에, 하나님이 말씀하시기를 기대하면서(anticipate), 매우 의도적으로(intentionally) 천천히(slow), 생각하면서(think) 읽어야(read) 합니다. 평상시 책을 읽는 속도보다 2-3배 정도 느린 속도로 읽습니다. 그리고 말씀을 아무 편견 없이 읽으려고 다짐하시기 바랍니다. 이것이 시작입니다.

자, 이제 말씀을 읽어보겠습니다. 큐티 수련을 시작하기 위해 먼저 읽을 말씀은 잠언 1장 1-7절 말씀입니다. (이 책으로 말씀을 읽는 대신 자신이 쓰고 있는 성경책으로 읽어도 좋습니다.) 읽을 때 주의할 점은 하나님의 음성을 듣기를 사모하며 읽는 것입니다.

밑줄 긋기

읽는 도중 자신에게 감동이 오거나, 도전을 주거나, 마음을 움직이는 구절이 보이면 우선 밑줄을 긋습니다.

1다윗의 아들 이스라엘 왕 솔로몬의 잠언이라 2이는 지혜와 훈계를 알게 하며 명철의 말씀을 깨닫게 하며 3지혜롭게, 공의롭게, 정의롭게, 정직하게 행할 일에 대하여 훈계를 받게 하며 4어리석은 자를 슬기롭게 하며 젊은 자에게 지식과 근신함을 주기 위한 것이니 5지혜 있는 자는 듣고 학식이 더할 것이요 명철한 자는 지략을 얻을 것이라 6잠언과 비유와 지혜 있는 자의 말과 그 오묘한 말을 깨달으리라 7여호와를 경외하는 것이 지식의 근본이거늘 미련한 자는 지혜와 훈계를 멸시하느니라 _잠 1:1-7

들린 말씀 적기(Lectio 렉시오)

말씀을 읽는 도중에 마음의 귀에 들린 말씀을 적어보십시오. 자세히 알 수 없을 때는 밑줄 그은 말씀을 노트에 적으십시오. 노트에 말씀을 적을 때는 한 페이지에 한 구절 혹은 한 문단 정도만 쓰는 것이 좋습니다.

_____

_____

_____

_____

1

PART

렉시오 디비나 큐티

제2일

읽으면서 들으라

어제(제1일)의 말씀(잠언 1장 1-7절)을 읽을 때 특히 마음을 움직였던 그 구절을 다시 적어보십시오.

_____

_____

_____

_____

_____

여기서 당장 이런 질문이 생길 것입니다. "나에게 다가온 구절이 하나님이 주신 말씀일까?" 하는 의구심 말입니다. 물론 하나님이 주신 말씀이 아닐 수 있습니다. 그동안 내 안에 형성된 세계관의 필터로 읽힌 익숙한 말씀일 수 있습니다. 그래도 괜찮습니다. 하나님이 직접 나에게 개인적으로 말씀하신 말씀이 아닐지라도, 이 말씀은 어쨌든 하나님의 말씀이기 때문입니다. 그래서 그 말씀은 역사할 것입니다. 하지만 우리의 최종 목표는 나에게 하시는 하나님의 말씀을 직접 듣는 것입니다.

여하튼 주의할 것은 말씀을 읽을 때 하나님의 음성을 듣고자 하는 마음으로 읽는 것입니다. 그리고 말씀을 읽은 다음에 해야 할 것은 그 말씀을 깊이 묵상하는 것입니다. 이제부터는 묵상하는 방법을 배우도록 하겠습니다.

묵상 Meditatio

하나님의 말씀은 살았고 운동력이 있어 좌우에 날선 어떤 검보다도 예리하여 혼과 영과 및 관절과 골수를 찔러 쪼개기까지 하며 또 마음의 생각과 뜻을 감찰하나니 _히 4:12, 개역한글

이것이 말씀입니다. 그래서 언제나 변화는 말씀을 통하여 찾아옵니다. 말씀은 하나님이 우리에게 드러난 계시이고, 말씀 그 자체로 능력이기 때문입니다. 그래서 말씀이 들어간 사람들에게는 새로운 변화가 시작됩니다. 사람 자체를 바꾸는 일들이 벌어졌습니다.

히브리서 기자의 말처럼 "하나님의 말씀은 살았고 운동력이" 있

습니다. 헬라어 성경으로 읽어보면 '살았고'는 '살아 숨쉬고 있다'는 의미의 동사 '자오'로, '운동력이 있어'는 '활동적이다' 혹은 '능력있다'는 의미의 단어 '에넬게스'로 기록되어 있습니다. 여러 가지 번역이 가능하다는 뜻입니다.

하지만 이어 설명되는 문장을 읽고 이 단어들을 생각해보면 KJV가 가장 적절하게 번역한 것 같습니다. KJV는 이 문장을 "the word of God [is] quick, and powerful"이라고 번역하고 있습니다. "매우 민첩하고 강력하다"는 뜻입니다. 말씀은 정말 그렇습니다. 하나님의 말씀은 언제나 이토록 능력있는 운동력을 갖고 있어서, 일하기 시작하면 우리를 순식간에 바꿔놓습니다. 마치 옛날에 필름을 넣어 찍던 사진기에 빛이 슬쩍 들어가기만 해도 필름이 하얗게 변하는 것과 같은 일이 벌어집니다. 그러므로 말씀이 우리 안으로 들어오기만 하면 모든 것은 '끝난다'라고 말할 수 있습니다.

아무리 단단한 껍질로 둘러싸여 있어도 말씀은 뚫습니다. 이를 위해 미숙한 우리들에게 필요한 것은 반복해서 공격하는 것입니다. 그것이 바로 '묵상'입니다.

앞 장에서 공부한 것처럼, 말씀을 읽을 때 나에게 감동을 주시는 말씀을 듣는 것이 렉시오(Lectio)라면, 그 말씀을 "반복하여 읽고 하루 종일 묵상"하는 것이 메디타치오(Meditatio) 곧 묵상입니다. 어떤 의미에서 묵상은 말씀을 투척하는 것입니다. 마치 적의 심장부에 폭탄을 투하하는 것과 같습니다. 마음의 한복판에 말씀을 투하하는 것입니다. 그때 우리의 견고한 진이 부서지고 말씀이 우리 안으로 뚫고 들어올 가능성이 열리는 것입니다. 예를 들어 내게 주신 말씀을 100번 반복하여 읽는다고 생각하고, 읽고 또 읽고 생각해보십시오. 그 말씀이 우리 안에서 폭발할 것입니다.

반복해서 읽으라

어제의 수련, 즉 앞 장에서 제시되었던 잠언 말씀을 읽을 때 마음을 움직였던 구절이 있었을 것입니다. 저의 경우는 7절 말씀이 다가왔습니다. 그 말씀으로 어떻게 묵상하는지를 연습해보겠습니다.

여호와를 경외하는 것이 지식의 근본이거늘 미련한 자는 지혜와 훈계를 멸시하느니라 _잠 1:7

첫 번째 10번 읽기

저는 이 구절을 10번 읽었습니다. 당연히 입으로든 눈으로든 읽는 동시에 그 말씀을 듣고 또 들으려고 하였습니다. 언제나 읽는 것과 들으려는 것을 함께 해야 합니다.

또 한 가지 중요한 것은, 읽으면서 묵상할 때 하나님의 임재를 기대하는 것입니다. 읽는 도중에 떠오르는 물음 혹은 깨달음이 생기면 노트에 적습니다. 저는 열 번을 읽으면서 떠오른 물음과 깨달음들을 적었는데, 다음과 같습니다.

① 나에게 지식은 무엇을 말하는가?

② 멸시한다? 우습게 여긴다! 하찮게 여긴다는 그런 의미?

③ 지식의 근본? 아하, beginning of knowledge, 모든 지식의 시작?

④ "여호와를 경외하는 것이 지식의 근본이거늘" 기본적으로 이 사실을 알지 못한다. 그래서 언제나 하찮게 여기는 것이다. 나는 어떻게 말씀을 대하는가? 하나님을 아는 것을 어떻게 여기는가?

⑤ 경외하다, 두려워하는 것을 말하는데, 나는 하나님을 어떻게 생각하는가?

두 번째 10번 읽기

첫 번째 10번 읽기 묵상을 하는 동안 하나님은 나에게 많은 질문을 던지시는 것 같았습니다. 내 안의 하나님을 추구하는 영성이 민감해지기 시작한 것입니다. 한 번 더 다시, 두 번째로 10번 읽었습니다. 이번에 하나님은 또 다른 깨달음과 발전된 물음들을 허락하셨습니다.

① 내 안에 지식이 있는가? 다른 말로 하면 지혜로운가? 슬기로운가? 내 안에는 가르침이 있는가?

② 여호와를 경외하는 것이 모든 것의 시작처럼 들린다. 나의 삶에 있어서 시작은 무엇으로 하는가? 꾀, 잔머리, 술수, 모함, 사욕, 더러운 마음은 아닌가?

③ 미련한 자가 뿜어내는 것은 '멸시', '가벼움', '하찮음' 같은 것들이

다. 내가 뿜어내는 것들을 사람들은 어떻게 이해하는가?

세 번째 10번 읽기
....

10번 읽기 묵상을 한 번 더 해보겠습니다. 이번에는 이미 앞에서 묵상하며 적은 묵상 질문들을 함께 읽으면서 묵상했습니다. 놀라운 것은 첫 번째와 두 번째 10번씩 읽을 때는 질문만 생겼던 말씀의 내용에서 새로운 이해가 보였습니다. 뿐만 아니라 더 발전된 질문들과 깨달음이 생기는 것을 경험했습니다.

① 그 무엇보다 먼저 알아야 할 지식은 하나님이시다. 그렇다면 당연히 경외함으로, 두려움으로 나아가야 하는 것이 맞다.

② 경외한다는 것은 민감하고 신중하다는 뜻이고, 멸시한다는 말은 가볍고 천박하다는 말일 것이다. 내 삶의 태도가 그렇지 않은가?

③ 경외한다? 아, 하나님 앞에 서 있는 태도로 사는 것을 뜻한다. 하나님의 눈을 의식하는 삶…. 그런데 나는 어떤가? 하나님의 눈(the eyes of God)을 의식하는가?

④ 지혜와 훈계? 누구의 지혜와 훈계인가? 말씀? 그렇다면 하나님은 말씀을 통하여 우리에게 지혜도 주시고 더불어 훈계(instruction), 방향을 지시하신다는 말씀이시다. 그렇다면 얼마나 기막힌 결정과 판단을 하게 될 것인가? 어리석음이 보이지 않을 것이다.

⑤ 그렇다면 그 사람에게는 슬기로움과 사람을 살리는 힘이 나오게 될 것이다. 사람을 살리는 사람, 그가 여호와를 경외하는 사람이지….

또 다시 10번을 읽는다면 어떤 일이 벌어지겠습니까? 특별한 준비 없이 말씀 자체만 묵상하였음에도 불구하고 저의 경우 많은 깨달음이 있었습니다. 이처럼 묵상은 지식과 이해의 차원에서 개인의 경험과 만남의 차원으로 여겨지는 경험에 이르게 하는 것입니다.

깨달음 정리하기

30번의 읽기 묵상을 통하여 깨달은 것들 중 가장 다가온 한 가지를 정리하였는데, 내게는 이런 내용이었습니다.

> "그동안 나는 나의 지식과 지혜로 살아왔다. 하나님의 시선을 의식하고 살지 않았다. 내 마음대로 내 지혜를 자랑하며 살았다. 나는 하나님을 두려워하지 않는 버릇없는 목사였다. 그 사실을 알았다. 또한 그것은 순전히 하나님에 대한 무지에서 비롯되었다는 것을 알았다. 더 하나님 알기를 추구하는 것, 내가 추구해야 할 지식의 시작임을 고백한다."

큐티 수련

같은 방법으로 지금부터 자신에게 주신 말씀을 열 번 반복해서 읽기 시작하십시오. 앞에서 강조한 것처럼 '읽는 것과 들으려고 생각하는 것'은 함께 이루어져야 하고 '읽는 도중에 떠오르는 물음 혹은 깨달음 등이 생기면' 적으면 됩니다. 우선 내게 다가왔던 그 구절을 적으십시오.

_____

_____

_____

_____

_____

첫 번째 10번 읽기

제시한 읽기 방법으로 10번을 읽으면서 떠오르는 물음 혹은 깨달음들을 적으십시오.

_____

_____

_____

_____

두번째 10번 읽기

그 말씀을 다시 10번 읽으십시오. 그리고 '읽는 것과 들으려고 생각하는 것'을 통하여 주시는 깨달음과 질문들을 적어보십시오.

_____

_____

_____

세 번째 10번 읽기

다시 한 번 더 그 말씀을 10번만 읽으시겠습니까? 물론 '읽는 것과 들으려고 생각하는 것'이 동시에 이루어져야 합니다. 그리고 얻게 된 깨달음과 질문들을 적어보십시오.

깨달음 정리하기

나에게 허락하셨던 말씀을 반복해서 묵상하면서 깨닫게 된 것 중에서 가장 중요한 것은 무엇입니까? 그 말씀을 통하여 하나님은 나에게 무슨 말씀을 하고 계셨습니까? 정리해서 적어보십시오.

한 가지 분명한 것은, 처음 읽었을 때 마음에 다가왔던 말씀이, 반복된 묵상을 통하여 나에게 다가온 그 말씀의 깊이는 달라졌을 것입니다. 달랐다는 것은 그동안 우리의 말씀 묵상이 얼마나 가벼웠는지를 증명하는 것이라고 할 수 있습니다.

생각해보십시오. 이렇게 짧은 시간이 아니라 하루 종일 이 말씀을 묵상한다면 어떤 깨달음이 있겠습니까? 약 100번 정도 읽으면서 묵상한다면 어떤 깨달음이 있겠습니까?

제3일

반복하여 읽고
하루 종일 묵상하라

우리는 앞 장(제2일)에서 말씀이 스스로 살아서 역사하는 경험을 하였습니다. 말씀은 하나님이시기 때문에 당연한 결과입니다. 그런데 평상시에 우리는 이 같은 방법으로 말씀 묵상을 하지 않습니다. 뿐만 아니라 같은 말씀을 하루 종일 100번 정도 묵상하는 것은 더욱 힘들 수 있습니다.

왜 그런 것입니까? 왜 우리는 묵상이 쉽지 않습니까? 많은 이유가 있겠지만, 가장 큰 이유는 우리의 생각과 관심이 지금 살고 있는 세상에 집중되어 있기 때문입니다. 또한 익숙해져 있기 때문입니다. 더군다나 손만 뻗으면 우리가 만날 수 있는 즐거움이 많습니다. 스마트폰, TV, 영화, 인터넷, 게임 등…. 물론 그것들은 대부분 감각적인 것들입니다. 이것들의 반응은 즉각적입니다. 우리는 이런 것들에

길들여지고 익숙해진 것입니다.

반면에 말씀 묵상은 우리에게 익숙하지 않고, 우리는 사실 묵상의 맛을 경험하지도 못하였습니다. 그것이 이유입니다. 그러므로 만일 진심으로 말씀 묵상을 하기 원한다면 특별한 준비가 필요합니다. 어떻게 해야 합니까?

신명기서의 쉐마 명령은 말씀을 듣고 수행하는 방법을 구체적으로 설명하고 있습니다.

> [4]이스라엘아 들으라 우리 하나님 여호와는 오직 유일한 여호와이시니 [5]너는 마음을 다하고 뜻을 다하고 힘을 다하여 네 하나님 여호와를 사랑하라 [6]오늘 내가 네게 명하는 이 말씀을 너는 마음에 새기고 [7]네 자녀에게 부지런히 가르치며 집에 앉았을 때에든지 길을 갈 때에든지 누워 있을 때에든지 일어날 때에든지 이 말씀을 강론할 것이며 [8]너는 또 그것을 네 손목에 매어 기호를 삼으며 네 미간에 붙여 표로 삼고 [9]또 네 집 문설주와 바깥 문에 기록할지니라
>
> _신 6:4–9

이 말씀을 한 마디로 줄여서 쓴다면 이렇게 말할 수 있습니다.
"가까이 두라!"

쪽지 수행

'쪽지 수행'의 의미가 바로 여기에 있습니다. '가까이 두는 것'을 말합니다. 쉽게 말씀을 읽고 묵상하기 위하여 그날의 말씀을 '포스트잇' 쪽지나 명함 크기 종이에 적어서 책상 앞에 두거나 주머니 혹은 지갑에 넣어둡니다. 이처럼 언제든지 쉽게 볼 수 있도록 하는 것이 쪽지 수행의 시작입니다.

저자의 자필 말씀 쪽지

같은 말씀을 100번 정도 읽고 묵상하는 것은 사실 쉽지 않습니다. 하지만 이렇게 주머니나 지갑에 말씀 쪽지를 넣어두고 하루에 100번을 읽고 묵상하는 시간을 가지려 한다면, 말씀은 우리 마음 안에 자리를 잡게 될 것입니다. 그 순간 우리는 하나님의 말씀이 쓰인 그리스도의 편지가 되는 것입니다.

사실 바울이 고린도 교회에 편지를 보내면서 자랑스러워했던 내용 중의 하나가 바로 이것입니다. 바로 마음판에 새겨져서 그리스도의 편지가 된 고린도 교회의 모습 때문입니다.

> 여러분은 우리의 사역의 결과로 나타난 그리스도께서 보내신 편지입니다. 이 편지는 먹이 아니라 살아 계신 하나님의 성령으로 쓴 것이며, 돌판이 아닌 사람의 마음판에 쓴 편지입니다. _고후 3:3, 쉬운성경

바울의 말처럼 하나님의 말씀이 마음판에 새겨져서 그 자체로 그리스도의 편지가 된 크리스천이 세상을 걸어갈 때, 세상은 그 사람에게서 주님의 편지를 접하게 됩니다. 그 사람을 통하여 주님의 마음을 읽게 되는 것입니다. 이것이 영성입니다. 영성이란 우리 안에 있는 것이 흘러나오는 것이기 때문입니다. 묵상하십시오. 하루 종일 말씀을 묵상하십시오.

> Meditatio 묵상하기. "주신 말씀을 반복하여 읽고 하루 종일 묵상하라!"

이렇게 하루 종일 말씀을 묵상하는 것을 다른 말로 바꾸면 하나님의 현존(現存)에 매우 깊이 거하는 것이라고 말할 수 있습니다. 하나님은 말씀이시기 때문입니다. 그리고 하나님의 현존에 깊이 거하게 되면서 벌어지는 것은 하나님의 음성을 들을 가능성이 열리는 것입니다.

큐티 수련

이제 앞장에서 묵상했던 그 말씀을 쪽지에 적으십시오. 그것을 책상 앞, 자동차 안, 부엌 등에 붙여놓을 수 있고, 주머니 속이나 지갑에 넣고 다니거나 핸드폰에 메모로 남겨 묵상할 수도 있습니다.

지금 쪽지를 마련해서 말씀을 적으십시오. 이제부터 그 말씀이 적힌 쪽지를 가지고 다니면서 묵상하십시오. 아마 또 다른 깨달음을 주님이 허락하실 것입니다. 그때마다 그 새로운 깨달음을 큐티책이나 노트에 적으십시오. 묵상은 그렇게 시작되는 것입니다.

쪽지 수행을 하면서 새롭게 깨달은 것이 있다면 아래에 적어보십시오.

_____

_____

_____

_____

_____

_____

제4일

하나님의
속삭임에 반응하라

"메디타치오, 주신 말씀을 반복하여 읽고 하루 종일 묵상하라"

하루 종일 말씀을 묵상하는 것을 다른 말로 바꾸면 하나님의 현존에 매우 깊이 거하는 것이라고 할 수 있습니다. 하나님은 말씀이시기 때문입니다. 그리고 하나님의 현존에 깊이 거하게 되면서 벌어지는 것은 말씀이 내 삶으로 들어와 말씀하시기 시작하는 것입니다.

"말씀이 말씀하시기 시작하다."

그때부터 우리는 그 말씀에 반응하지 않을 수 없습니다. 그 반응이 기도(오라치오 Oratio)입니다.

사실 우리는 지금까지 내가 원하는 것을 구하는 차원에서 기도를 배웠습니다. 하지만 진정한 기도가 하나님의 뜻을 따라 구하는 것이라면, 기도는 하나님의 음성을 듣는 것과 관계가 있을 수밖에 없습니다.

기도 Oratio

우리가 수도자의 큐티를 시도하면서 예로서 선택한 잠언서 1장 7절을 계속 묵상했습니다. 훈련하기 위하여 선택한 말씀이지만, 우리는 그 말씀을 깊이 묵상하면서 드러나는 하나님의 음성들을 알게 되었습니다.

이처럼 그 음성에 의한 깨달음에 이르렀다면 우리가 어떤 반응을 하게 됩니다. 그것은 다짐이나 결심 혹은 깨달음을 표현하는 것입니다, 이처럼 그 말씀에 대한 대답이 오라치오(Oratio) 곧 기도(prayer)입니다.

예를 들어 보겠습니다. 제2일의 공부에서 저는 잠언 1장 7절 말씀을 10번씩 읽고 묵상할 때마다 달라진 물음과 깨달음을 적었습니다. 그것은 하나님에게 우리에게 말씀하시는 내용이라고 할 수 있습니다. 그 물음과 깨달음에 대답하는 것이 오라치오 곧 기도입니다.

다음은 10번씩 세 번을 읽고 묵상할 때 제가 적었던 내용들인데, 그 깨달음에 대한 나의 대답, 곧 오라치오(기도)의 예입니다. 먼저 제가 묵상하며 적었던 내용입니다.

"여호와를 경외하는 것이 지식의 근본이거늘." 기본적으로 이 사실을 알지 못한다. 그래서 언제나 하찮게 여기는 것이다. 나는 어떻게 말씀을 대하는가? 하나님을 아는 것을 어떻게 여기는가?

다음은 이 묵상을 하면서 내가 반응한 대답, 곧 오라치오(기도)입니다.

"하나님, 나의 천박한 영성을 용서하옵소서. 당신을 알기를 사모하는 것보다 세상에 깊이 빠진 삶을 용서하옵소서. 하나님, 제가 깨닫습니다. 나의 천박함은 하나님을 아는 지식의 부족함 때문임을 고백합니다. 주님, 당신을 더 알기 원합니다. 더 알기를 추구합니다."

한 번 더 예를 들어 보겠습니다. 제가 물음을 던지며 깨달았던 내용입니다.

"경외하다!" 두려워하는 것을 말하는데, 나는 하나님을 어떻게 생각하는가? 경외한다는 것은 민감하고 신중하다는 뜻이고, 멸시한다는 말은 가볍고 천박하다는 말일 것이다. 내 삶의 태도가 그렇지 않은가?

이 묵상에 대해 내가 반응한 대답, 곧 오라치오(기도)입니다.

"제가 하나님을 두려워하지 않았습니다. 그래서 내 마음대로 살고 내 마음대로 행동하였습니다. 얼마나 어리석습니까? 당신이 존재하심을 잊어버리고 얼마나 많은 죄를 범하였습니까? 주님 용서하여 주옵소서."

하나님의 뜻을 알게 되면 그것이 바로 우리의 기도제목이 될 수밖에 없습니다. 기도란 하나님의 뜻에 대한 우리의 응답이기 때문입니다. 그러므로 큐티가 깊어질수록 하나님이 주시는 깨달음은 깊어질수밖에 없고, 그것에 우리가 반응하는 오라치오, 곧 기도 역시 깊어지는 것은 당연합니다.

더 놀라운 것은 우리의 영성이 민감해질수록 성경을 통해서 우리에게 말씀하시는 하나님의 뜻을 알게 됩니다. 드디어 성경 말씀이 살아서 우리에게 말씀하시는 놀라운 일이 벌어진 것이고 하나님의 뜻을 따른 기도의 가능성이 열린 것입니다.

큐티 수련

이제 직접 실천해보겠습니다. 어제 큐티를 하면서 묵상했던 말씀의 내용을 가지고 기도(Oratio)문을 적어보겠습니다. 앞에서 제가 했던 것과 같은 방법으로 먼저 주셨던 말씀을 쓰십시오. 그리고 난 후 말씀에 대한 응답으로서 기도를 적어보십시오. 적으면서 하는 기도는 또 다른 의미의 집중 기도임을 잊지 마십시오.

묵상했던 말씀
....

_____

_____

_____

_____

_____

_____

말씀의 응답으로서 기도
....

_____

_____

_____

_____

_____

_____

하나님의 음성(말씀)을 '렉시오'(Lectio 듣고), 그 말씀(음성)을 '메디타치오'(Meditatio 묵상하면), 우리는 그 말씀의 깊이와 뜻을 이해하게 됩니다. 또 한 번 하나님의 뜻이 들린 것입니다. 그때 우리는 무슨 말로든 반응하게 됩니다. 그것이 앞에서 실습한 '오라치오'(Oratio 기도)입니다. 그 기도는 하나님이 주시는 마음을 알고 대답한 기도이기 때문에 그 기도문으로 기도하는 순간 우리는 하나님

의 임재를 경험하게 됩니다. 말할 수 없는 하나님의 임재의 경험일
것입니다.

제5일

말씀으로
쉼을 경험하라

쉼 Contemplatio

아무리 불안한 상황일지라도 말씀을 좇아 기도하는 것은 하나님의 뜻에 전적인 의존을 의미하기 때문에 하나님이 우리에게 주시는 평안, 하나님의 품에 안기는 안식, 곧 쉼이 찾아올 것입니다. 그것이 바로 상상할 수 없는 크기의 관조와 쉼으로 번역되는 컨템플라치오'입니다. 컨템플라치오(Contemplatio)는 하나님이 거하시는 성전(temple)과 '함께'를 의미하는 'con'의 합성어로 '하나님 안에 거한다'는 뜻으로 '관조, 관상' 등으로 번역되지만, 그 뜻의 핵심은 '(하나님 안에 거하는) 쉼'을 의미합니다.

이스라엘 민족이 홍해 앞에 섰을 때입니다. 그들은 두려웠고 견딜 수 없이 불안했습니다. 그들은 불평하기 시작하였고 거의 패닉 상태에 이르렀습니다. 바로 이 모습이 말씀이 없는 자, 말씀의 통치를 받지 않는 자의 모습입니다. 그런데 그때 모세가 요청한 것은 하나님을 묵상하라는 것이었습니다.

> 모세가 백성에게 이르되 너희는 두려워하지 말고 가만히 서서 여호와께서 오늘 너희를 위하여 행하시는 구원을 보라 너희가 오늘 본 애굽 사람을 영원히 다시 보지 아니하리라 _출 14:13

그들의 내적 상태가 자세히 기록되지 않아 모르겠지만, 그들은 하나님을 묵상(Meditatio)하면서 기도(Oratio)했을 것입니다. 그들의 기도는 분명 어떤 것도 아닌 오로지 하나님만 바라보는 하나님 의존, 신뢰였을 것이고, 그때 찾아온 것이 '쉼' 혹은 '잠잠히 있음'이었을 것입니다. 그러나 모세와 같은 이들을 제외하고 대부분의 사람들은 여전히 불안해 했을지도 모릅니다. 그때 모세가 엄청난 이야기를 꺼냈습니다.

> 여호와께서 너희를 위하여 싸우시리니 너희는 가만히 있을지니라 _출 14:14

모세의 이야기는 놀라운 것이었습니다. 하나님이 일하신다는 말씀이었기 때문입니다.

"하나님이 싸우신다!"

우리는 매우 중요한 것을 깨닫게 됩니다. 그것은 놀랍게도 '쉼' 혹은 '잠잠히 있음'이 아무 것도 하지 않는 행위가 아니라, 가장 적극적으로 하나님께 기도하는 행위라는 사실 말입니다. 이것이 또 다른 의미에서의 실천(Praxio), 곧 '하나님의 실천이며 행동'입니다. 우리가 실천하기 전에 하나님이 먼저 실천하시기 때문입니다.

위험천만한 기도

사실 신앙은 세상 가치에 얽매이는 행위가 아닙니다. 신앙은 하나님을 앎으로 세상 가치를 넘어서는 것입니다. 그런데 우리의 문제는 하나님을 육체적으로 생각하고, 육체적인 방법을 동원해서 하나님을 믿으려 하며, 심지어 기도와 예배조차 육체적인 생각을 가지고 합니다. 신앙의 이유가 세상 가치에 얽매이게 된 이유입니다.

더 나아가 우리는 우리의 신앙 행위로 하나님을 조종하려고도 합니다. 신앙을 자신이 이루고 싶은 열망을 이루려는 것으로 사용하려는 것입니다. 심지어 우리의 행위가 하나님을 감동시켜 은혜를 받을 것이라고 오해합니다. 그래서 하나님께 어떤 영향을 줄 수 있다고, '덕을 끼칠 수 있다'는 소리까지 합니다. 그러나 그것은 절대적으로 오해입니다. 믿음은 행위가 아니기 때문입니다.

우리의 행위가 하나님의 은혜를 불러일으킬 수 없습니다. 우리의 행위가 하나님의 은혜를 불러일으키거나 조작할 수 없는 것이라면, 예배 혹은 기도를 하면서 하나님을 감동시키려 하는 것은 위험합니다. 바로 그 순간, 그 예배나 기도를 주님은 받지 않으십니다. 오히려 분노하십니다. 단 1%라도 우리가 은혜를 조작할 수 없기 때문입니다. 그래서 금식하며 기도하고 열심히 신앙생활을 하는 바리새인들에게 주님이 화를 내신 것입니다. 원래 자신의 땅을 모두 하나님께 드리기로 했던 아나니아와 삽비라 부부가 판 것의 일부를 드리지 않고 나머지만 헌금했을 때, 그래서 그들에게 중벌을 내리신 것입니다. 이런 까닭에 바리새인들에게 기도는 오히려 위험한 것이었고 하나님의 심기를 불편하게 하는 것이었으며, 아나니아와 삽비라의 헌금도 하나님을 격노하게 하는 것이었습니다. 그런 점에서 토마스 머튼의 말이 이해됩니다.

"기도하는 것은 위험천만한 짓입니다. 기도의 위대한 점은 기도하는 것이 아니라, 곧장 하나님께 가는 것입니다."(텔마 홀, 〈깊이 깊이 말씀 속으로〉, 성서와 함께)

다윗의 경우

나단 선지자를 통하여 밧세바를 범한 것에 대한 하나님의 분노를 알게 된 후, 다윗은 자신의 더러움과 죄악의 극치를 깨달았습니다.

그때부터 다윗은 자신의 기도와 예배가 위험하다는 것을 알았습니다. 하나님은 예배 행위를 보는 것이 아니라 예배를 드리는 예배자를 보신다는 것을 안 것입니다. 그 순간 다윗은 하나님의 용서가 있기 전에 예배와 기도가 불가능하다는 것을 알았습니다. 다윗이 이 기도를 드린 이유입니다.

> [1]하나님이여 주의 인자를 따라 내게 은혜를 베푸시며 주의 많은 긍휼을 따라 내 죄악을 지워 주소서 [2]나의 죄악을 말갛게 씻으시며 나의 죄를 깨끗이 제하소서 [3]무릇 나는 내 죄과를 아오니 내 죄가 항상 내 앞에 있나이다 [4]내가 주께만 범죄하여 주의 목전에 악을 행하였사오니 주께서 말씀하실 때에 의로우시다 하고 주께서 심판하실 때에 순전하시다 하리이다 _시 51:1-4

더욱이 다윗은 이처럼 회개하는 것으로 죄가 용서되는 것이 아니라, 그것 역시 오로지 하나님의 용서 외에는 다른 방법이 없음을 알았습니다. 그래서 그의 모든 기도는 하나님 중심이었습니다.

> [7]우슬초로 나를 정결하게 하소서 내가 정하리이다 나의 죄를 씻어 주소서 내가 눈보다 희리이다 [8]내게 즐겁고 기쁜 소리를 들려 주시사 주께서 꺾으신 뼈들도 즐거워하게 하소서 [9]주의 얼굴을 내 죄에서 돌이키시고 내 모든 죄악을 지워 주소서 [10]하나님이여 내 속에 정한 마음을 창조하시고 내 안에 정직한 영을 새롭게 하소서 [11]나

를 주 앞에서 쫓아내지 마시며 주의 성령을 내게서 거두지 마소서 12주의 구원의 즐거움을 내게 회복시켜 주시고 자원하는 심령을 주사 나를 붙드소서 13그리하면 내가 범죄자에게 주의 도를 가르치리니 죄인들이 주께 돌아오리이다 14하나님이여 나의 구원의 하나님이여 피 흘린 죄에서 나를 건지소서 내 혀가 주의 의를 높이 노래하리이다 15주여 내 입술을 열어 주소서 내 입이 주를 찬송하여 전파하리이다 _시 51:7-15

우리는 예배, 헌신, 헌금 등으로 하나님을 움직일 수 있다고 생각합니다. 하지만 이런 물질과 행위적인 것으로 하나님을 움직일 수 없습니다. 이 사실을 깨달은 다윗이 드디어 매우 중요한 기도를 드립니다. 인간 중심의 예배 무용론을 담은 기도였습니다.

주께서는 제사를 기뻐하지 아니하시나니 그렇지 아니하면 내가 드렸을 것이라 주는 번제를 기뻐하지 아니하시나이다 _시 51:16

우리말 성경으로 읽어보겠습니다.

주께서는 제사를 기뻐하지 않으시니 그렇지 않았다면 내가 제사를 드렸을 것입니다. 주께서는 번제도 즐거워하지 않으십니다.
_시 51:16, 우리말성경

하나님이 예배를 기뻐하지 않으신다니! 하나님이 구하시는 제사는 오히려 '상한 심령'이라고 말합니다.

> 하나님께서 구하시는 제사는 상한 심령이라 하나님이여 상하고 통회하는 마음을 주께서 멸시하지 아니하시리이다 _시 51:17

"상한 심령을 받으신다니!" 하나님은 우리의 외적인 열망이나 조건에 영향을 받지 않는다는 말입니다. 심지어 우리의 모든 행위가 완벽해도 마찬가지입니다. 이처럼 하나님은 우리의 행위에 영향을 받지 않습니다. 사실 하나님이 기뻐하시는 것은 우리의 존재 자체입니다. 우리를 이 모습 그대로 사랑하십니다. 그래서 하나님은 우리가 하나님과 원수가 된 상황에서도 사랑하신 것입니다.

스바냐 선지자도 이 사실을 알았습니다. 멸망 받아야 할 이스라엘에서, 실제로 그 멸망이 진행되는 중에 하나님이 하신 말씀 속에서 그 진심을 깨닫습니다.

> 너의 하나님 여호와가 너의 가운데에 계시니 그는 구원을 베푸실 전능자이시라 그가 너로 말미암아 기쁨을 이기지 못하시며 너를 잠잠히 사랑하시며 너로 말미암아 즐거이 부르며 기뻐하시리라 하리라 _습 3:17

'컨템플라치오', 쉽은 이것을 경험하는 것입니다. 우리가 하나님 안에 거하면 거할수록 부담감에서 벗어나 이 같은 '쉼'을 경험합니다. 일한 것이 없어도 의롭다고 말씀하시는 하나님을 경험하는 것입니다. 그런데 그 시작은 우리가 가치없다는 무가치함의 경험에서 비롯됩니다. 절대 가치가 되시는 하나님 안에 거하기 때문입니다. 그래서 십자가의 성 요한은 '감각의 밤'이라는 용어를 사용하였습니다. 나의 찰나적인 행위나 감정의 상태, 컨디션과 관계없이 모든 것을 뛰어넘으시는 초월의 하나님을 경험하였기 때문입니다.

큐티 수련

이제 우리가 배운 순서대로 큐티를 해보겠습니다. 먼저 주어진 본문을 읽고(Lectio) 내게 다가온 말씀을 중심으로 깊이 묵상(Meditatio)하십시오. 그때 물음과 깨달음이 오는 내용을 적은 다음 그 깨달음을 기초로 자신의 응답, 곧 기도(Oratio)문을 적은 후 그 기도 속으로 깊이 들어가보십시오. 그때 하나님이 주시는 놀라운 관조, 곧 쉼(Contemplatio)이 올 것입니다. 물론 아직 익숙하지 않아서 잘 되지 않을 것입니다. 하지만 이 방법을 좇아 앞으로 계속 수련할 때 놀라운 깨달음과 경험에 이를 것입니다. 혹 깨달은 내용이 있다면 아래 빈 칸에 적어보십시오.

제6일

말씀하시는 대로
실천하라

앞에서 다섯 번에 걸쳐 수련한 전체 내용을 다시 정리하겠습니다. 이 순서는 완벽히 외워서 매우 자연스럽게 나오는 큐티 방법론이 되어야 합니다.

우선 성경을 읽습니다. 읽기(Lectio 렉시오)는 어떤 조건이나 편견 없이 하나님의 말씀을 듣는 것입니다. 그리고 묵상(Meditatio 메디타치오)은 그 말씀에 깊이 잠겨 그 말씀을 이해하는 것입니다. 드디어 우리는 하나님의 뜻을 깨닫게 될 것입니다. 그때 우리는 기도(Oratio 오라치오)로 반응할 것입니다. 그리고 하나님의 뜻을 알고 경험하게 될 것입니다. 그때 쉼이 올 것입니다. 하나님이 주시는 관조(컨템플라치오 Contemplatio)입니다. 이제 그 다음이 실천(프락시오 Praxio)입니다.

실천 Praxio

읽기, 묵상, 기도, 쉼까지 이르면 우리 안에 놀라운 용기가 생길 것입니다. 당연히 하나님이 주시는 담대함입니다. 바로 바울이 고백했던 능력입니다.

내게 능력 주시는 자 안에서 내가 모든 것을 할 수 있느니라 _빌 4:13

"모든 것을 할 수 있다!" 무엇이든 하고 싶다는 의미를 담고 있습니다. 드디어 하나님 안에서 내가 어떤 존재인지를 알게 되며 어떤 존재로 살아야 하는지를 깨달은 것입니다. 거기에서 나오는 것이 행동, 실천, 바로 프락시오(Praxio)입니다. 이렇게 이루어진 프락시오(Praxio)는 동시에 언제나 기적으로 이끌 것입니다. 왜 기적이 일어나는 것입니까? 위의 일련의 과정을 통하여 하나님과의 일치가 이루어졌기 때문입니다. 하나님과의 일치는 언제나 능력입니다. 행동, 즉 실천은 하나님과의 일치에서 나오는 것이기 때문입니다. 그래서 주님이 이렇게 말씀하셨습니다.

너희가 내 안에 거하고 내 말이 너희 안에 거하면 무엇이든지 원하는 대로 구하라 그리하면 이루리라 _요 15:7

"무엇이든지 원하는 대로"(whatever you will)는 실천을 전제하고 있습니다. 엄밀하게 말하면, "말씀 안에 거하면 (말씀대로) 하고 싶은 마음"이 생길 것입니다. 하나님의 뜻과 하나가 되기 때문입니다. 그래서 실천은 언제나 자원함, 즐거움, 기꺼움으로 가득 찰 수밖에 없습니다. 그러므로 만약에 큐티의 끝이 실천하고자 하는 의지를 통해 기꺼이 즐겁게 실제적인 행동으로 옮겨지고 있다면, 진실로 그 큐티(QT)는 하나님과의 은밀하고 깊은 만남(Quiet Time with GOD)이었다고 할 수 있습니다.

점검 질문 : 어떻습니까? 나의 큐티는 실천으로 이어지는 큐티였습니까? 아니면 생각으로만 끝난 것이었습니까?

_____

_____

_____

_____

침묵과 행동

앞에서 살폈던 홍해 사건으로 돌아가겠습니다.

거의 패닉상태에 들어선 이스라엘 백성에게 하나님이 이렇게 말씀하셨던 것으로 보입니다. "가만히 있으라." 그래서 호들갑을 떨고 있는 백성들을 향하여 모세가 얘기합니다. "두려워 말고 가만히 서서"(Stand firm). "가만히 있을지니라"(be still).

'Be still'로 번역된 '가만히 있을지니라'의 히브리어 단어는 '하라쉬'입니다. '벙어리가 되다'는 의미입니다. 그러니까 모세의 명령인 '가만히 있는 것'은 침묵하는 것이었습니다. 물론 하나님의 말씀에 기초한 것임에 틀림없습니다. 왜냐하면 이어지는 하나님의 말씀 때문입니다.

여호와께서 모세에게 이르시되 너는 어찌하여 내게 부르짖느냐 (Why are you crying out to me?) _출 14:15

무슨 말입니까? 하나님이 보실 때 모세는 침묵하고 있었던 것이 아닙니다. 모세 역시 생각하고 소리 지르며 기도하고 있었던 것입니다. 이미 하나님의 뜻을 이해하고 백성들에게 가만히 서 있을 것을 요청한 모세가, 정작 자신은 자신을 제어하지 못하고 있었던 것입니다. 다시 처음으로 돌아가 또 부르짖기 시작하였습니다. 이것은 우리가 범할 수 있는, 의식하지 못하는 위험한 행동입니다. 모세가 왜 이렇게 하는 것입니까? 두렵기 때문입니다. 불안하기 때문입니다. 그래서 하나님이 이미 마음에 감동을 주셨는데도 모세 역시 침묵할 수 없었던 것입니다.

여하튼 모세에게 지금은 행동할 때였습니다. 그것이 하나님의 다음 수순의 명령이었습니다. 하나님은 모세에게 우선 침묵할 것을 말씀하시면서 실제적 행동을 요청하셨습니다.

> 15여호와께서 모세에게 이르시되 너는 어찌하여 내게 부르짖느냐 이스라엘 자손에게 명령하여 앞으로 나아가게 하고 16지팡이를 들고 손을 바다 위로 내밀어 그것이 갈라지게 하라 이스라엘 자손이 바다 가운데서 마른 땅으로 행하리라 _출 14:15-16

이스라엘은 매우 담대하게 홍해를 향하여 발을 내딛어야 했고, 모세는 과감히 지팡이를 내밀어야 했습니다. 분명 힘들었을 것입니다. 자신의 나약함을 알기 때문입니다. 그러나 자신의 나약함에 머무는 것도 비신앙의 행위임을 알아야 했습니다.

먼저 행동한다

중국 송나라 호계종이 엮은 〈서언고사〉(書言故事)에 나오는 고사성어 중에 '백척간두'(百尺竿頭)라는 말이 있습니다. 한 사람이 이치를 깨닫고 싶어 백척이나 되는 장대 끝까지 올라갔습니다. 사실 이 것도 불가능한 일입니다. 하지만 그곳에 올라가는 것만으로 진리를 깨달은 것에 온전히 이른 것은 아닙니다. 깨달음은 백척간두에서 발을 내딛는 것이어야 합니다. 그래서 나온 말이 '백척간두진일보'(百尺竿頭進一步)입니다. 그곳에서 한 발자국 더 내딛는 행동이 더 중요하다는 뜻입니다. 그런데 우리는 이 실천에서 실패합니다.

'백척간두'에 올라가는 것이 큐티에 포함된 그동안의 수행(침묵기도-렉시오-메디타치오-오라치오-컨템플라치오)이라면 '진일보'는 프락시오입니다. 깨달음으로 행동하는 것입니다. 그 '진일보'는 그래서 기적을 만드는 것입니다. 그런데 '백척간두'에 올라가는 것과 함께 '진일보'는 쉽지 않습니다. 그래서 하나님의 사람들은 언제나 고민하고 괴로워했던 것입니다. 하나님을 향해 마음대로 살지 못하는 자신의 모습 때문이었습니다. 중요한 것은 실천입니다. 하나님이 말씀과 기도를 통하여 감동을 주시면 실천해야 하는 것입니다. 그러므로 말씀을 묵상하면서 주시는 깨달음은 늘 실천해보길 힘써야 합니다. "깨달은 것을 살아본다." 이것이 필요합니다.

큐티 수련

그동안 큐티 수련을 하느라고 수고하셨습니다. 이제 점검해보십시오. 나의 큐티는 어떤 수준이었습니까? 특히 실천(Praxio 프락시오)

은 어느 정도 하였습니까? 여전히 계획만 세운 것에 불과하였습니까? 자신의 큐티 책을 보면서, 매일 하나님과의 교제 속에서 들은 대로 '실천'했는지 점검해보십시오. 각 날짜의 실천 정도를 퍼센트(%)로 매겨보고, 실천한 내용 역시 적어보십시오.

제1일 :　　% 실천한 내용 :

제2일 :　　% 실천한 내용 :

제3일 :　　% 실천한 내용 :

제4일 :　　% 실천한 내용 :

제5일 :　　% 실천한 내용 :

지난 5일간 다섯 번의 수련을 하면서, 나의 행동에 특히 강력한 영향을 끼쳤던 말씀은 무엇이었는지 적어보십시오.

_____

_____

_____

_____

_____

2
PART

큐티와 침묵

제7일

큐티,
잘 하고 계십니까?

오늘은 여섯 번에 걸쳐서 했던 큐티 수련을 전체적으로 연결성을 가지고 다시 해보겠습니다. 우선 오늘 큐티 할 본문을 선택하십시오.

① 큐티 할 본문은 무엇으로 정했습니까?

_____

_____

_____

_____

② 오늘 나에게 주신 말씀은 무엇입니까?

Lectio 읽기, "편견 없이 말씀을 읽고 들어라. 단 한 번으로!"

_____

_____

_____

_____

③ 하루 종일 묵상할 때, 오늘 말씀이 나에게 분명하게 들려주시는 내용은 무엇입니까?

Meditatio 묵상하기, "주신 말씀을 반복하여 읽고 하루 종일 묵상하라."

_____

_____

_____

_____

④ 주신 말씀을 깊이 묵상할 때, 듣게 된 하나님의 말씀 앞에서 무엇이라고 기도하게 됩니까?

Oratio 기도, "하나님의 속삭임에 반응하라."

_____

⑤ 말씀을 통한 하나님과의 깊은 만남 속에서 당신이 누렸던 '쉼'은 어떤 것이었습니까? 자유롭게 적어보십시오.

Contemplatio 관조, 쉼, "하나님 안에서 무가치함을 발견하라."

⑥ 하나님과의 일치를 경험하였다면 당신은 주를 위해 행동하고 싶을 것입니다. 무엇을 하셨습니까?

Praxio 실천, "들었으면 행동하라."

오늘 주신 말씀을 가지고 자신이 했던 큐티를 렉시오부터 프락시오까지 보면서 점수를 매긴다면 100점 만점에 몇 점을 주시겠습니까?

_____ 점

왜 이런 점수를 주셨습니까? 무엇이 부족했던 것입니까?

_____

_____

_____

_____

_____

제8일

큐티를 위해
고독하라

매우 중요한 점검

일곱 번, 7일간 제가 제시한 대로 큐티를 해왔다면 아마 어떤 변화를 느꼈을 것입니다. 다음의 질문들에 O/X로 표시하면서 자신을 점검해보십시오.

① 여전히 큐티가 쉽지 않다. (   )

② 이 책이 제시하는 큐티 방법이 복잡하다고 느껴진다. (   )

③ 말씀을 읽을(Lectio) 때 하나님의 말씀에 민감해지기보다 말씀이 부담스러워지고 죄책감만 누적되는 느낌이 들기 시작하였다. (   )

④ 나름대로 그동안 했던 간단한 큐티 습관으로 돌아가는 경향이 있

다. ( )

⑤ 성경 본문을 읽고 묵상하는 것보다 다른 큐티 책에서 제시했던 예화 같은 글을 먼저 읽는 것이 좋아 보인다. ( )

⑥ 쪽지 수행은 아예 시도하지 않았거나, 하기가 귀찮아졌다. ( )

⑦ 말씀에 대한 묵상(Meditatio)이 예상외로 번거로워서 대충 하는 경향이 있다. ( )

⑧ 말씀 묵상을 통해 나오는 하나님의 음성에 대한 반응으로 기도하는 것을 대충 한다. ( )

⑨ 큐티는 하지만 실천(Praxio) 부분은 아예 생략하고 있다. ( )

⑩ 단 한 번도 하나님의 품 안에 깊이 거하여 누리는 쉼, 곧 관조(Contm-platio)를 경험한 적이 없다. ( )

● 8-10 문항에 O표 : 큐티에 심각한 문제가 생겼습니다. 그동안 이 책이 제시하는 대로 큐티를 하지 않았음에 틀림이 없습니다.

● 5-7 문항에 O표 : 큐티를 하면서 너무 많은 타협을 하였습니다. 생각과 마음도 문제이지만 몸에도 아직 배어 있지 않습니다.

● 1-4 문항에 O표 : 큐티를 열심히 하려 하지만 마음과 생각이 문제입니다.

● 0 문항에 O표(전체 X표) : 큐티를 잘 하고 있습니다.

피상적인 신앙의 저주

위의 조사를 하면서 혹시 O표를 하나 이상 하였다면, 그것은 우리의 신앙이 갖고 있는 피상적 경향의 일단을 보인 것이라 할 수 있습니다. 얕은 영성의 결과입니다. 이제 남은 것은 큐티를 그만 두거나 대충하는 방법으로 바꾸거나 하는 일만 남아 있을 뿐입니다. 그렇다면, 그냥 내버려둔다면 당신은 어떤 가능성에 이를 확률이 높습니까?

● 큐티를 그만 둘 것이다. ( )
● 대충 큐티를 할 것 같다. ( )
● 그래도 하고 있을 것이다. ( )

만일 첫 번째와 두 번째 대답을 했다면 질문하겠습니다. 왜 이런 일이 일어나는 것입니까? 답은 간단합니다. 우리 자신이 그런 존재이기 때문입니다. 우리 안에 내가 가늠할 수 없는 어떤 무엇이 있는 것입니다. 로마서 12장 2절 말씀을 읽으면서 생각해보겠습니다.

> 너희는 이 세대를 본받지 말고 오직 마음을 새롭게 함으로 변화를 받아 하나님의 선하시고 기뻐하시고 온전하신 뜻이 무엇인지 분별하도록 하라 _롬 12:2

바울이 말하는 "이 세대를 본받지 말고"(The pattern of this world, NIV)라는 말씀은 우리가 이 세상의 흐름과 패턴에 영향을 받고 있음을 설명하는 것입니다. 이 세상을 너무 쉽게 좇아갈 뿐 아니라 가볍다는 뜻입니다. 왜 그런 것입니까? 우리가 그 정도밖에 되지 않는 영성을 갖고 있기 때문입니다. 이것을 리차드 포스터는 '피상성'이라고 표현하였습니다.

피상성은 가볍고 편한 것을 추구할 뿐 아니라 물질적이 되도록 이끌어갑니다. 이로 인해 다가온 것이 해리 블래마이어스가 지적한 '기독교 지성의 상실'(Harry Blamires, 〈The Christian Mind〉, Servant, 3)이고, 그것이 지금까지 기독교와 크리스천의 세속화를 가속시켜 왔습니다. 그 결과, 세상의 생각과 논리는 교회의 중심가치가 되었습니다. 그런 까닭에 설교 시간에 공공연히 "부자 되세요"를 말하여도 괜찮게 되었습니다. 세상에서와 마찬가지로 성공이 교회에서도 절대적 축복의 개념으로 자리잡게 된 것입니다.

가난, 겸손, 섬김, 사랑, 희생, 절제, 단순함 등은 언제부터인가 매우 특별한 경우에만 사용하는 용어가 되었습니다. 세상의 생각이 이미 우리를 사로잡은 것입니다. 더이상 교회는 생각하지 않습니다. 생각하는 크리스천은 정말 찾아보기 힘들만큼 적어졌습니다. 세상의 생각이 교회의 생각이 된 것입니다.

자세히 들여다보면 알 수 있지만, 우리 안에 가득한 생각은 하나님의 생각이 아니라 세상의 생각일 확률이 높습니다. 그 생각의 도구를 가지고 해석하는 하나님의 말씀 역시 자기 편의적인 해석으로 흐를 확률이 높습니다. 이처럼 피상성이 일반화되었기 때문에 우리의 큐티도 위험한 수준에 이를 수밖에 없는 것입니다.

모든 생각을 사로잡아

언제부터인가 우리는 가벼운 말씀 읽기와 듣기에 익숙해졌습니다. 엄밀하게 말해서 제대로 된 말씀 듣기와 묵상을 한 적이 없었다고 해야 옳습니다. 할 수가 없습니다. 우리 안, 곧 생각과 마음의 영역에는 하나님의 말씀을 묵상할 여유가 없기 때문입니다.

큐티를 제대로 하려 한다면, 진정 하나님의 음성을 들으면서 살기를 원한다면, 우리는 먼저 지식과 마음과 생각의 영역에 변화가 이루어져야 합니다. 그것이 우선되어야 할 일입니다. 그래서 성경은 이렇게 말합니다.

> 3우리가 육신으로 행하나 육신에 따라 싸우지 아니하노니 4우리의 싸우는 무기는 육신에 속한 것이 아니요 오직 어떤 견고한 진도 무너뜨리는 하나님의 능력이라 모든 이론을 무너뜨리며 5하나님 아는 것을 대적하여 높아진 것을 다 무너뜨리고 모든 생각을 사로잡아 그리스도에게 복종하게 하니 _고후 10:3-5

"모든 생각을 사로잡아!" 존 스토트는 이것을 '생각의 싸움'이라고 표현하면서 기독교 지성의 문제로 이해했습니다. 사실 기독교 지성의 천박함은 세상에게 맥없이 패하는 현상을 드러냈습니다. 소설 다빈치코드나 도올 김용옥의 성경강해서부터, 심지어 구원파, 신천지 등의 이단적 논증 앞에서도 기독교는 여지없이 무너졌습니다. 기독교에 지성이 없기 때문입니다.

경건서적 읽기

우리의 큐티, 말씀 읽기와 묵상과 함께 병행해야 할 것은 영적인 스승을 두는 것입니다. 그 대표적인 방법이 '책 읽기'입니다. 하나님을 만났던 경험 속에서 책으로 자신의 깨달음을 기록한 이들을 만나는 것은 성경을 읽는 것과 함께 중요합니다. 우리의 견고한 생각과 마음의 장벽이 무너지는 일이 독서를 통해서도 예상외로 비일비재하게 일어나기 때문입니다.

견고한 나태와 부정, 그리고 자기 합리화로 무장된 '나'라는 존재가 생각하고 있는 천박한 영성과 마음을 깨기 위해서라도 책 읽기는 매우 중요합니다. 이제부터 경건서적 읽기를 함께 시도하십시오.

마음을 새롭게 함으로

큐티를 제대로 하기 위하여 우리는 어떻게 해야 합니까? 달리 말해 온전한 영성과 건강한 영적 체력을 갖춘 하나님의 사람으로 서기 위하여 어떻게 해야 합니까?

> 너희는 이 세대를 본받지 말고 오직 마음을 새롭게 함으로(Be trans-formed by the renewing of your mind.) 변화를 받아 하나님의 선하시고 기뻐하시고 온전하신 뜻이 무엇인지 분별하도록 하라 _롬 12:2

바울의 처방은 "마음을 새롭게 하는 것"이었습니다. 그래야 우리는 변화가 이루어지고, 그래야 하나님의 뜻을 분별할 수 있기 때문입니다. "다른 어떤 것보다 마음을 새롭게 한다!" 이것이 지금까지 얘기한 새롭게 생각하는 사람을 말합니다.

우리의 마음은 반드시 새로워져야 합니다. 그렇다면 왜 우리는 마음을 새롭게 해야 하는 것입니까? 달리 말해서, 왜 우리는 그동안 그토록 마음이 무너진 것입니까? 성경은 우리가 '타락한 본성'을 갖고 있다는 것으로 그 이유를 설명합니다. 그래서 가만히 두면 우리는 죄의 본성을 따른 생각을 하는 것입니다.

> 주 예수 그리스도로 옷 입으십시오. 죄의 본성이 바라는 정욕을 만족시키는 생각을 하지 마십시오. _롬 13:14, 쉬운성경

72

NIV 성경은 '죄의 본성이 바라는 정욕'을 'the desires of the sinful nature'라고 번역하였습니다. 그러니까 죄 된 본성(sinful nature), 타락한 본성이 우리 안에 내재되어 있고, 이미 우리 자신이 된 것입니다. 그래서 죄가 흘러나오는 것입니다. 그러므로 우리 안에 있는 것들을 무조건 신뢰해서는 안 됩니다. 우리의 생각과 계획, 심지어 마음까지 신뢰할 수 없습니다. 그런 우리를 보시면서 예수님은 더 심각한 표현을 하셨습니다. 그것은 우리 안에서 흘러나오는 마음 곧 생각이 우리 자신을 더럽힌다는 말씀입니다.

15베드로가 대답하여 이르되 이 비유를 우리에게 설명하여 주옵소서 16예수께서 이르시되 너희도 아직까지 깨달음이 없느냐 17입으로 들어가는 모든 것은 배로 들어가서 뒤로 내버려지는 줄 알지 못하느냐 18입에서 나오는 것들은 마음에서 나오나니 이것이야말로 사람을 더럽게 하느니라 19마음에서 나오는 것은 악한 생각과 살인과 간음과 음란과 도둑질과 거짓 증언과 비방이니 20이런 것들이 사람을 더럽게 하는 것이요 씻지 않은 손으로 먹는 것은 사람을 더럽게 하지 못하느니라 _마 15:15-20

"우리 안에 있는 마음이 사람을 더럽힌다!" 그것이 바로 바울이 말한 'the desires of the sinful nature', '죄의 본성이 바라는 정욕'입니다. 그런데 이런 오염된 마음 때문에 '이 세상의 패턴'(the pattern of this world)을 그대로 복사합니다. '아무런 생각 없이 세상 문화에 너무 잘 순응함'으로 살아가는 것입니다. 그것이 세상을 사는 기준이 되고 말았습니다.

그래서 우리가 큐티를 위해 말씀을 읽을 때에도 말씀 그대로 듣지 않고 변질되고 죄 된 본성의 욕구로 채워진 필터를 통하여 듣는 것입니다. 그래서 언제나 내게 편리하게 말씀을 듣고 해석합니다. 그렇다면 이제 필요한 것은 우리의 마음을 깨끗케 하고 새롭게 하는 것이 무엇보다 필요합니다. 생각의 문제, 마음의 문제가 해결되지 않고서는, 우리의 큐티는 언제나 제 자리를 걷거나 퇴보에 빠지기 때문입니다.

침묵기도

이 같은 우리 마음의 문제, 생각의 문제를 해결하는 방법으로 다시 한 번 침묵기도를 강조합니다. 실제로 침묵기도는 우리를 정화시켜줍니다. 그것은 침묵기도가 정화시키는 것이 아니라 침묵기도를 하면서 내 안의 거짓 자아의 정체가 드러나는 것과 관계가 있습니다.

우리는 거짓 자아의 정체가 드러나면서 자신의 죄를 의식하게 됩니다. 깊이 있는 침묵은 무의식 혹은 전의식(preconscious, 前意識)에 숨어 있던 숨은 동기들을 드러내기 때문입니다. 그래서 하나님을 받아들인 사람들은 당연히 그 드러나는 죄와 싸우게 될 것이고, 그 죄의 문제들을 하나씩 해결해가기 때문에 정화되는 것입니다.

그런데 대부분의 사람들은 그냥 지나칩니다. 심지어 큐티를 하기 위하여 말씀을 읽으면서도 마음을 고치고 새롭게 하는 시도를 하지 않은 채 말씀을 읽습니다. 처음에는 말씀을 들으려 애쓰지만 시간이 지나면서 점차 변질되어갑니다. 그래서 내가 듣고 싶은 말씀만 읽게 되는 것이고, 내 의도에 맞는 말씀으로 해석하게 되는 것입니다.

그때 들리는 것이 세상의 음성입니다. 나를 즐겁게 하고 신나게 하여 감각적이고 자극적인 것들이 밀려들어옵니다. 잠시 고민하지만 곧 무너집니다. 그것을 우리의 죄 된 본성이 즐기고 좋아하기 때문입니다. 조금만 방치하거나 내버려두면 그것에 의해 우리는 다시 만들어집니다. 어느 사이엔가 하나님이 창조하신 '나'가 아니라 세상에 의해서 길들여지고 만들어진 나, 아니 더 세상적으로 진화되고 있는 자신을 보게 됩니다.

헨리 나우웬이 〈사막의 영성〉에서 이런 글을 썼습니다.

"최근에 나는 차를 몰고 로스엔젤레스를 지나가다가, 갑자기 내가 거대한 사전 한 권을 헤쳐 지나가는 것은 아닌가 하는 묘한 느낌이 들었습니다. 바라보는 곳곳마다 별별 말들이 다 있어서, 그것을 쳐다보느라 차를 제대로 운전할 수 없을 정도였습니다. 그 말들은 이렇게 속삭이는 것 같았습니다.

나를 사용해주세요. 나를 데려가 주세요. 나를 사주세요. 나를 마셔보세요. 나를 냄새 맡아 보세요. 나를 만져보세요. 나에게 키스해주세요. 나와

함께 잠을 자요."(헨리 나우웬, 〈사막의 영성〉)

참 기막힙니다. 우리는 세상의 흐름 속에서 정신없이 받아들입니다. 바쁘게 살면서 우리는 세상이 무한정으로 주는 속삭임이나 정보에 반응하거나 혹은 세상이 정해놓은 규칙이나 법칙에 의해서 자동적으로 움직입니다. 아무런 생각 없이 세상이 말하는 원칙이나 규범에 동의합니다. 그래서 교회가, 크리스천이 세속화되어간 것입니다.

그리고 어느 시점이 되면 세상이 말하는 것들이 우리 안에 생활화되어 강박증 증세로 발전됩니다. 정해놓은 것을 벗어나면 스스로 불안해 하고 두려워하는 증세를 보입니다. 그것을 지키지 않으면 행복하지 않은 느낌이 들기 시작합니다. 명품 현상 같은 것 말입니다. 알고 보면 아무 것도 아니고, 명품의 상당수가 짝퉁이라는 것이 발표되었음에도 명품을 추구합니다. 그래야 안심이 되니까 말입니다. 이것이 강박증입니다.

이런 증상을 보인다면 이미 끝난 크리스천입니다. 이후로 남는 것은 수없는 다짐과 후회, 재다짐과 결단과 회개만 남을 것입니다. 그것이 반복됩니다. 크리스천의 죽음입니다.

큐티를 위해 고독하라

우리는 지금 세상으로부터 떨어져 나와 고독할 필요가 있고 침묵할 필요가 있습니다. 고독하고 침묵해야 거짓 자아가 탈을 벗고 참자아가 드러나기 때문입니다. 그제야 명품을 갖고 있지 않아도 행복하고 평안할 수 있습니다. 그래서 우리에게 필요한 것은 고독, 침묵, 가만히 있는 것입니다. 홍해 앞에 있을지라도, 여리고 성 앞에 있을지라도, 어떤 위협과 급박한 것이 있을지라도 말입니다.

3세기 말부터 시작하여 4-5세기에 주로 이집트, 팔레스타인, 터키 등지의 사막에서 활동했던 사막의 교부들이 있습니다. 그들이 4-5세기경에 사막으로 들어가게 된 가장 큰 이유는 치열한 박해가 종식되고 기독교가 주류가 된 것과 관계 있습니다.

박해가 끝나고 교회가 로마 정부의 교회가 되고 난 후에는 싸움이 필요 없어졌습니다. 세상은 더이상 교회의 적이 아니었습니다. 오히려 교회의 친구가 되었습니다. 크리스천들은 세상과 친해지기 시작하였습니다. 세상 문화를 누리며 살게 되었습니다. 그때부터 교회와 크리스천은 박해시절과 다르게, 더 심하게 죄에 노출되고 말았습니다. 세상에서 살면서 믿음을 지키는 것이 힘든 상황이 되고 만 것입니다. 그래서 그들이 사막으로 들어가는 것을 택한 것입니다. 결국 사막은 세상 죄와 유혹의 문화에서 벗어나는 장소였습니다.

우리에게도 지금 필요한 것은 사막에 들어가듯 생각을 멈추는 것입니다. 말씀을 제대로 읽고 하나님의 음성을 듣기 원한다면 더욱 그렇습니다. 고독해져야 합니다. 하나님과 만나기 위해서 말입니다. 침묵이 필요합니다. 하나님의 음성을 듣기 위해서 말입니다.

큐티 수련

말씀을 듣기 위해서 우리는 먼저 우리 안에서 흘러나오는 많은 생각들을 해결해야 합니다. 그런 까닭에 강조한 것처럼 우리에게는 침묵과 고독이 필요합니다. 어떤 의미에서 큐티의 가장 중요한 부분일 것입니다.

질문 : 큐티가 안 되는 이유는 큐티(Quiet Time with God)라는 단어의 뜻처럼 하나님하고만 함께 하는 조용한 시간을 가질 수 없기 때문입니다. 그래서 고독이 필요합니다. 한 번 점검해보십시오.

① 큐티 할 때 TV를 켜놓거나 음악을 듣지는 않습니까?
② 핸드폰을 켜놓은 상태이거나 다른 일을 함께 하고 있지는 않습니까?
③ 큐티를 자투리 시간이 날 때 하고 있지 않습니까?

큐티는 언제나 하나님과 일대일로 대면하는 매우 중요한 시간입니다. 그래서 모든 생각과 말과 행동을 내려놓고 고독과 침묵으로 하나님께 나아가는 것이 필요합니다.

　그러므로 온전하고 더 깊은 큐티로 나아가길 원한다면 침묵기도 방법을 반드시 익혀야 합니다. 그래서 제안합니다. 이미 배운 것을 따라 큐티를 하시되 침묵기도 방법을 먼저 배우시고, 침묵기도를 큐티의 시작으로 삼으시기 바랍니다. 침묵기도 수련을 위해 제가 쓴 〈21일 침묵기도 연습하기〉(생명의말씀사)를 참조하십시오.

제9일

침묵기도 특강

가장 큰 문제

우리의 가장 큰 문제는 주님이 지적했듯이 내면이 거룩하지 않은 것입니다. 거룩하지 않은 정도가 아니라 더럽습니다. 주님이 말씀하신 것처럼 '사람에게서 나오는 그것' 곧 마음에서 나오는 '악한 생각'(막 7:21)이 사람을 더럽힙니다.

> 21사람의 마음에서 나오는 것은 악한 생각 … 23이 모든 악한 것이 다 속에서 나와서 사람을 더럽게 하느니라 _막 7:21,23

"나를 더럽힌다?" 그것은 내가 나를 더럽히는 생각을 통제할 수 없다는 뜻입니다. 그렇다면 도대체 그 생각은 어디에 자리잡고 있으며 그 생각을 만들어내는 것은 누구입니까? 바로 이것이 바울이 고민했던 부분이었습니다. 왜냐하면 나로 하여금 지금 행동을 하게 하는 것이 무엇이며 그것의 근원이 무엇인지 도무지 이해할 수 없었기 때문입니다.

나는 내가 하는 일을 도무지 알 수가 없습니다. _롬 7:15, 공동번역

바울은 스스로 해야겠다고 생각하는 것은 하지 않고, 해서는 안 되겠다고 생각한 일을 하고 있었습니다. 그 자신의 의지가 전혀 소용이 없었습니다.

내가 해야겠다고 생각하는 일은 하지 않고 도리어 해서는 안 되겠다고 생각하는 일을 하고 있으니 말입니다. _롬 7:15, 공동번역

더욱이 내가 해서는 안 되겠다고 한 것은 '악'이었습니다. 또한 놀랍게도 그것의 출처는 죄였습니다. 그래서 바울이 아연실색한 것입니다. 자신의 내면을 봤기 때문입니다.

17그렇다면 그런 일을 하는 것은 내가 아니라 내 속에 도사리고 있는 죄입니다 … 19나는 내가 해야 하겠다고 생각하는 선은 행하지 않고 해서는 안 되겠다고 생각하는 악을 행하고 있습니다. 20그런

일을 하면서도 그것을 해서는 안 되겠다고 생각하고 있으니 결국
그런 일을 하는 것은 내가 아니라 내 속에 들어 있는 죄입니다.

_ 롬 7:17,19-20, 공동번역

더욱 놀라운 것은 내면에 내가 갖고 있는 태도였습니다. 완전히
강력한 악의 힘이었습니다.

내 속에 곧 내 육체 속에는 선한 것이 하나도 들어 있지 않다는 것을
나는 알고 있습니다. 마음으로는 선을 행하려고 하면서도 나에게
는 그것을 실천할 힘이 없습니다. _롬 7:18, 공동번역

"선한 것이 하나도 들어 있지 않다"는 것을 바울이 깨달은 것입니
다. 예수님이 하신 말씀과 동일한 것이었습니다. 그렇다면 지금 보
이는 나는 누구입니까? 이 '나'는 가면을 쓰고 있는 '나'이고 진실
한 내가 아니었습니다. 그런 까닭에 바울은 자신을 '비참한 인간'(롬
7:24, 공동번역)이라고 고백합니다. 그것을 바울이 발견한 것입니다.
그렇다면 왜 평상시엔 겉으로 드러나지 않았던 것입니까? 진짜
'나' 곧 더러움과 악으로 가득 차 있는 죄인으로서의 나는 어디에 있
었던 것입니까? 두말할 것도 없이 가면(페르조나)을 쓰고 숨어 있었
던 것입니다. 그동안 그들이 적당한 페르조나를 써서 사람들을 속인
것입니다. 그리고 목사 혹은 장로란 타이틀과 일정한 종교적 행위의
반복이 자신을 합리화시켜주었습니다.

본래적 죄인

시편 51편은 그 시의 표제어처럼 '다윗이 밧세바와 동침한 후 선지자 나단이 저에게 온 때'에 쓰여진 글입니다. 그러니까 그 시점은 밧세바를 범한 지 일년쯤 된 시기였습니다. 그 사이에 밧세바를 범했을 뿐 아니라, 밧세바의 남편 우리아는 이미 다윗의 흉계로 비명횡사하였고 밧세바는 다윗의 부인이 된 상황이었습니다. 모든 것이 잊혀지고 있던 시기였습니다. 다윗은 처음에는 분명 양심의 가책을 느끼며 살았을 것입니다. 이 모든 상황을 감추려고 쓴 페르조나가 어색했겠지만, 벌써 일년쯤 지난 것입니다. 어느 정도 잊혀지고 안정되어 가던 시기였습니다. 그런데 나단이 나타난 것입니다. 나단이 다윗의 죄를 지적하였습니다. 그때 다윗이 자신의 내면을 봅니다. 근원적인 죄의 모습을 봅니다.

내가 죄악 중에서 출생하였음이여 어머니가 죄 중에서 나를 잉태하였나이다 _시 51:5

다윗은 정확하게 자신이 '죄악 중에서 출생하였다'는 것을 알았습니다. 나단의 지적 앞에 자신의 '생얼'을 본 것입니다. 그것은 죄였습니다. 바울이 고백한 것과 같은 것이었습니다. 그래서 다윗이 이렇게 기도합니다.

보소서 주께서는 중심이 진실함을 원하시오니 내게 지혜를 은밀히
가르치시리이다 _시 51:6

　여기서 '중심'이란 우리 내면을 말합니다. NASB는 이 부분에 쓰인 히브리어 단어 '투하'를 '가장 내면의 존재'(innermost being)라고 번역하였습니다. 그래서 이 말씀의 번역은 "주께서는 가장 내면의 존재 곧 진정한 자아의 진실을 원하십니다"라고 해야 정확합니다. 그러므로 이어지는 '내게'는 당연히 '가장 내면의 존재에게'라고 해야 맞습니다. 히브리어 성경을 보면 '내게'라고 번역된 부분의 단어는 '우베샤툼'인데, 접속사와 전치사를 제하면 '샤툼'이란 단어가 드러납니다. 이 단어는 '닫다' 혹은 '감춰지다'라는 의미를 갖고 있는 동사입니다. 그러니까 '감춰진 곳에'라고 해야 직역이고 앞의 구절이 가르치고 있기 때문에 '감춰진 내 안에'라고 번역해야 옳습니다. 이것들을 이어서 번역하면 이렇습니다.

보소서 주께서는 가장 내면의 존재 곧 진정한 자아의 진실을 원하
시오니 그 감춰진 내 안에 지혜를 넣어 알고 경험하게 하소서
_시 51:6, 하정완의 역

　주의깊게 들으셨는지 모르겠지만, 두 단어 '투하' 혹은 '샤툼' 모두 '감춰진 것'이라는 의미를 담고 있다는 점입니다. 더 알아야 할 것은 그 '감춰진 것'이 단순히 다른 사람에게가 아니라 바로 나 자신에게

도 감춰진 것입니다. 그래서 바울이 자신을 알지 못한다(롬 7:15)고 말한 것이고, 주님은 마음에서 나온 악한 생각이 정작 그 사람 자신을 더럽히는 것이라고 말한 것입니다.

감춰져 있다

"감춰져 있다." 이 말은 우리가 쉽게 발견하여 정결하게 할 수 없다는 뜻이기도 합니다. 방법이 없는 것입니다. 이미 우리가 읽은 것처럼 바울이나 다윗이 경험한 것입니다. 더욱이 다윗은 심각한 죄의 경험을 하였습니다. 그동안 자연스럽게 드렸을 예배를 하나님이 받지 않으실 것이라는 사실도 압니다. 자신의 진실을 알았기 때문입니다. 갑자기 자신의 예배가 부끄러워졌습니다,

주께서는 제사를 기뻐하지 아니하시나니 그렇지 아니하면 내가 드렸을 것이라 주는 번제를 기뻐하지 아니하시나이다 _시 51:16

다윗은 예배마저 자신이 자발적으로 드릴 수 없다는 것을 알았습니다. 그 순간부터 중요한 것은 예배가 아니었습니다. 예배자인 자신이 중요해졌습니다. 그런데 자신은 페르조나를 쓴 진실한 자아가 아니었습니다. 그것은 나의 노력과도 관계없는 것이었습니다. 그래서 이 기도를 드린 것입니다.

하나님이여 내 속에 정한 마음을 창조하시고 내 안에 정직한 영을 새롭게 하소서 _시 51:10

드디어 다윗은 '깊은 곳, 감춰진 내 안의 깊은 곳'을 만져달라는 기도로 나아간 것입니다. 그것 외에는 다른 방법이 없었습니다. 주님이 고치고 깨끗케 하지 않으시면 인간적인 다짐은 순간뿐이라는 것을 알았기 때문입니다. 이미 다윗의 내면은 '상한 심령'(시 51:17)이라고 표현한 것처럼 깨지고 부서져 있었기 때문입니다. 남루해진 것입니다. 거지 상태인 것입니다. 우리의 탐욕의 이유입니다. 그러니까 어떤 것들, 심지어 거룩한 것을 추구하다가도 다시 거지가 되는 것입니다.

침묵이 드러낸다

나에게도 엄청난 영향을 줬던 윌로우크릭교회의 빌 하이벨스 목사의 성추문이 아팠습니다. 교회는 2019년 8월 1일 공식적으로 하이벨스 목사와의 결별을 알리고 그의 회개를 촉구합니다. 그때 신임 이사회는 성명에서 빌 하이벨스의 공로를 말하면서 "빌 하이벨스 목사는 윌로우크릭교회에서 40년 이상 봉사하며 희생했다. 그러나 이와 동시에, 방치해둔 죄와 위협적인 행동이 해로운 결과를 낳았고 오늘까지도 교회에 영향을 미치고 있다"고 밝혔습니다.

그것의 시작은 윌로우크릭교회 전 교육목사 낸시 오트버그(Nan-cy Ortberg)가 자신의 홈페이지에 글을 올려, 2014년 윌로우크릭교회 장로회가 빌 하이벨스 목사의 성적 문제를 조사했음을 밝혔는데도 불구하고 멈추지 않는 14년 동안의 부적절한 관계 때문이었습니다. 처음 빌 하이벨스는 의도적 공격이고 거짓말이라고 주장하였지만 이후 그에게 피해를 입은 여성들인 교회 찬양 담당 사역자 본다 다이에르, 여성 목사 낸시 비치 등이 고소하였고, 이후 비서로 일하던 팻 배러노브스키가 밝히면서 완전히 드러난 것입니다.

그가 썼던 책들 중에 〈아무도 보는 이 없을 때 당신은 누구인가〉, 〈너무 바빠서 기도합니다〉 등 한국에서도 출간된 10여 종의 책들이 모두 출고 및 재인쇄가 중단됩니다. 그가 쓴 책을 보면서도 알 수 있지만, 이미 그는 괴물이 되어 있었습니다. 그는 2000년부터 2014년까지 부적절한 관계를 지속하면서도 책을 쓰고 설교하고 있었으며, 또 다른 여성들과 성추문을 계속 일으키고 있었습니다.

감춰진 것이 얼마나 강력하고 무서운 괴물인지 알 수 있는 부분이며, 다윗이 1년 여를 지속하는 것이 아무 문제가 되지 않았음을 알 수 있는 부분입니다. 다윗은 나단이 와서 직설할 때 깨달았고, 빌 하이벨스는 피해자들이 증언하면서 드러납니다. 물론 처음에는 거짓과 음모라고 주장했지만 말입니다.

바울은 그것을 알고 있었습니다. 그가 선하고 놀라운 사역을 하고 있을 때도 여전히 자신 안에 있는 괴물, 악과 죄의 현현들을 보았기 때문입니다. 아예 그것을 바울은 법이라고 말하였습니다.

내가 한 법을 깨달았노니 곧 선을 행하기 원하는 나에게 악이 함께 있는 것이로다 _롬 7:21

그래서 침묵기도가 중요합니다. 침묵기도는 아무도 보지 않을 때, 아무도 보지 않은 곳에서, 그러니까 그때가 가장 자신에게 진실하고 정직한 시간이기 때문입니다. 그러니까 침묵기도는 스스로 하나님 앞에 자신을 드러내는 것입니다. 일종의 내 안에 있는 나단 같은 것입니다. 침묵기도로 하나님 앞에 나를 공개할 때 우리 내면이 드러나기 때문입니다.

침묵기도 방법

침묵기도는 하나님 앞에 자신을 드러내고 내어놓는 것입니다. 그러므로 침묵기도는 우리가 무엇을 구하거나 주동이 되어서 행위하는 모든 것들을 먼저 내려놓아야 합니다. 그래서 침묵기도의 기본 훈련은 흘려보내는 것에서 시작됩니다. 내 안에서 스멀스멀 기어나오는 괴물들, 생각들을 드러내고 흘려보내고 제거하는 것입니다. 그러므로 침묵기도는 내가 무엇인가에 집중하려고 노력하는 것이 아니라, 나를 철저히 부인하고 내려놓으므로 수동적으로 하나님의 임재를 받아들이는 것입니다.

여기서 간단히 방법을 살펴보겠습니다. 더 깊이 침묵기도를 배우기 위해 제가 쓴 〈21일 침묵기도 연습하기〉(생명의말씀사)를 참조하시면 좋습니다.

침묵기도를 할 때 제일 먼저 정해야 하는 것은 '거룩한 단어'입니다. 거룩한 단어는 내 안에 계신 하나님께서 내 안에 임재하시고 역사해주시기를 소망하고 동의하는 의지와 의도를 상징하는 것입니다. 나의 경우 '주님'이라는 단어를 쓰고 있는데, 사실 이 단어 자체가 거룩한 것은 아닙니다. 오히려 하나님이 우리 안에 임재하시기를 소망하고 원한다는 우리의 의도와 동의가 거룩한 것입니다. 이처럼 의도와 동의는 침묵기도의 핵심이라 할 수 있습니다.

둘째, 편안히 앉아 조용히 눈을 감습니다. 그리고 나 자신의 내면 안에서 하나님의 임재와 역사하심에 동의하는 의지와 의도의 상징인 거룩한 단어를 부드럽게 의식 위에 떠올립니다. 이때 호흡은 자연스럽게 합니다. 기도 시간은 20분 정도로 하는데, 알람을 맞추고 하는 것이 좋습니다.

셋째, 침묵기도를 시작하면서 어떤 생각이 떠올랐다고 인식되면 조용히 거룩한 단어를 내면에서 속삭이므로, 그 생각을 아주 부드럽게 물 흐르듯이 보냅니다. 여기서 거룩한 단어는 모든 생각을 떠나보내는 역할을 합니다.

넷째, 침묵으로 하나님의 현존 안에 거하게 되면 그냥 가만히 있으면 됩니다. 단지 생각이 떠올랐을 때만 거룩한 단어를 사용하면 됩니다. 아무것도 떠오르지 않을 때는 가만히 있으면 됩니다. 하지만 그것 역시 인식이 되면 그것 또한 흘려보내야만 합니다.

마지막으로 기도가 끝날 때는 눈을 감고 2,3분간 침묵 속에 머물러 있다가 주기도문을 소리내어 암송하므로 마무리합니다.

침묵기도 연습

침묵기도는 말 그대로 하나님이 마음껏 역사하시도록 나를 열어 놓는 수동적 기도입니다. 그런 까닭에 말씀묵상에 있어서 침묵기도는 중요합니다. 거짓자아를 부정하는 행위이고, 그만큼 내면이 정결하게 되기 때문입니다. 당연히 말씀을 있는 그대로 볼 수 있는 내면이 준비될 수 있습니다.

그러므로 큐티를 하기 전에 먼저 침묵기도로 하나님과 말씀 앞에 서는 것은 매우 중요합니다. 일반적으로 훈련된 정도에 따라 5분, 10분, 20분 정도 하면 됩니다.

자, 오늘은 먼저 침묵기도를 하신 후에 큐티를 해보십시오. 그리고 느낀 소감을 적어보십시오.

_____

_____

_____

_____

_____

3
PART

다른 독법

제10일

각 성경마다
다른 독법이 필요하다

지금까지 큐티하는 순서와 방법을 배웠습니다. 다시 한 번 순서를 익혀보겠습니다.

① Centering Prayer 침묵기도, "침묵으로 마음을 새롭게 하라."

② Lectio 읽기, "편견없이 말씀을 읽고 들어라. 단 한 번으로!"

③ Meditatio 묵상, "주신 말씀을 반복하여 읽고 하루 종일 묵상하라."

④ Oratio 기도, "하나님의 속삭임에 반응하라."

⑤ Contemplatio 쉼, "하나님 안에서 (자신의) 무가치함을 발견하라."

⑥ Praxio 실천, "들었으면 행동하라."

어떻습니까? 큐티의 맛이 느껴지십니까? 위의 영역 중에서 잘 되는 부분은 어디이고, 잘 되지 않는 부분은 어디입니까?

잘되는부분
....

_____

_____

_____

_____

잘되지 않는 부분
....

_____

_____

_____

_____

주의 : 앞으로 공부하게 될 내용은 큐티를 더 풍성하게 하기 위한 공부
입니다. 그러므로 매일 큐티하는 것을 게을리 해서는 절대 안 됩
니다. 이 책을 읽는 것으로 큐티를 대체하는 것은 더더욱 있을
수 없습니다.

큐티가 힘들어진 이유

큐티는 쉬운 것처럼 보이지만 큐티로 깊이 들어가면 들어갈수록 쉽지 않다는 것을 깨닫습니다. 특히 어떤 날은 큐티가 잘 되지만 어떤 날은 잘 되지 않기도 합니다. 잘 되지 않는 날이 며칠 반복되면 큐티를 멈추게 됩니다. 큐티가 즐겁지 않기 때문이고, 말씀이 들리지 않기 때문입니다. 왜 그런 것입니까? 그 이유는 우리 내면의 문제가 가장 크기 때문입니다. 만일 이유가 그것이 아니라면 예상외로 해결책은 간단할 수 있습니다. 그것은 경험으로 볼 때 각 성경들이 여러 장르의 색깔을 하고 있다는 것을 몰랐기 때문일 수 있습니다.

열심히 큐티를 하던 한 집사님이 큐티가 재미없어졌다고 토로하였습니다. 집사님의 신앙 문제는 아니었습니다. 흥미를 잃은 것은 한두 달 정도 큐티를 했던 잠언이 끝나고 레위기로 큐티를 시작했던 때부터였습니다.

사실 잠언서는 한두 구절을 묵상하는 것만으로도 가능하지만 레위기는 그렇게 되지 않았습니다. 한 구절을 이해하기 위해서 충분히 읽어야 했습니다. 그런데 그 집사님은 그동안 해왔던 것처럼 레위기를 많은 은유와 경구로 가득찬 잠언서처럼 큐티하고 묵상했던 것입니다. 그때부터 흥미를 잃었습니다. 잠언서보다 훨씬 많은 분량의 성경말씀을 읽는 것도 힘들었지만, 잠언처럼 묵상할 한 구절을 찾으려고 애썼기 때문입니다. 그것이 힘들어지고 흥미를 잃은 이유였습니다. 정리해서 말하면, 그 집사님은 성경의 각 책마다 큐티의 방법과 강조점을 달리 해야 하는 것을 몰랐던 것입니다.

성경의 구분

성경을 읽고 큐티 할 때 우리는 언제나 각 성경의 성격에 따라 큐티의 접근 방법을 달리 할 필요가 있습니다. 그러면 이제 개론적으로 성경을 구분해보겠습니다.

구약성경은 크게 넷으로 구분할 수 있습니다. 모세오경으로 대표되는 율법서와 역사서, 시가서 그리고 예언서로 나눌 수 있습니다.

① 율법서(모세오경) - 창세기, 출애굽기, 레위기, 민수기, 신명기
② 역사서(12권) - 여호수아, 사사기, 룻기, 사무엘 상하, 열왕기 상하, 역대기 상하, 에스라, 느헤미야, 에스더
③ 시가서/지혜서(5권) - 욥기, 시편, 잠언, 전도서, 아가
④ 예언서/선지서(17권) - 이사야, 예레미야, 예레미야애가, 에스겔, 다니엘, 호세아, 요엘, 아모스, 오바댜, 요나, 미가, 나훔, 하박국, 스바냐, 학개, 스가랴, 말라기

신약성경 역시 크게 네 가지 범주로 나눌 수 있는데, 예수님의 생애를 기록한 복음서와 역사서인 사도행전 그리고 바울의 서신 등으로 이루어진 서신서와 예언서인 요한계시록입니다.

① 복음서(4권) - 마태복음, 마가복음, 누가복음, 요한복음

② 역사서(1권) - 사도행전

③ 서신서(21권) - 로마서, 고린도전후서, 갈라디아서, 데살로니가전후서, 에베소서, 빌립보서, 빌레몬서, 골로새서, 디모데전후서, 디도서(이상 바울서신), 히브리서, 야고보서, 베드로전후서, 요한일이삼서, 유다서(사도서신)

④ 예언서(1권) - 요한계시록

　위의 구분법은 성경을 통상적으로 나누는 것이지만, 큐티 방법의 강조점을 달리 하기 위하여 신구약을 좀더 다르게 구분할 필요가 있습니다. 각 성경은 다양한 장르를 가진 글들이기 때문입니다. 간혹 한 성경 안에 다양한 장르가 존재하기도 합니다. 성경을 장르별로 구분하면 크게 다섯 가지로 나눌 수 있고, 그 성경들은 다른 관점으로 읽어야 합니다.

① 시(　)들 - 많은 비유와 은유가 섞여 있어서 본문을 사실 그대로 받아들이는 것은 위험합니다. 이때는 그 비유나 은유의 뜻을 이해하는 것이 중요하므로 너무 한 구절에 집착하기보다 그 시가 말하고자 하는 큰 주제가 무엇인지를 파악해야 합니다.

② 지혜의 글들 - 잠언서나 전도서 같은 지혜서들은 한 구절 자체가 경구이기 때문에 전체 문맥과 관계없이 한 구절 자체만으로 묵상이 충분합니다.

③ 이야기체의 글들 - 역사서나 복음서 같은 글들과 함께 심지어 서신들까지도 대부분 서술적 방식의 이야기체로 쓰여 있습니다. 이 경우 말씀을 문맥에 따라 읽는 것이 중요합니다. 만일 마음에 다가온 구절이 있을지라도 그 말씀은 전체 문맥 속에서 읽어야 합니다.

④ 묵시문학적인 글들 - 상징과 그림언어들로 기록되어 있는 묵시문학적인 글들은 문자 그대로 묵상할 때 위험할 수 있습니다. 예를 들어 요한계시록의 '666' 즉 짐승의 수를 받지 말라는 말씀을 곧이곧대로 묵상하여서 666번 버스를 타지 않는 것 같은 어리석음 말입니다. 이 경우 큐티 묵상 도서의 안내를 받을 필요가 있습니다.

⑤ 율법이나 족보를 다룬 글들 - 사실 큐티 할 때 가장 회피하고 싶은 부분이기도 합니다. 끝없이 "누가 누구를 낳고"로 이어지는 것 같은 내용을 만나기 때문입니다. 이때 주의할 것은 본문을 기록한 의도입니다. 그 의도를 생각하면서 성경 전체의 흐름을 따라 본문을 읽거나 큐티 설명서들의 도움을 받고 묵상하는 것이 좋습니다.

큐티 수련

지금 자신이 하고 있는 큐티 본문은 성경을 구분할 때 어디에 속하며, 장르로 구분할 때는 어디에 속하는지 살펴보십시오. 어떻게 본문을 읽어야 하는지, 특히 위의 장르별 구분에 대한 설명을 참조해서 자신의 말로 정리하여 적어보십시오. 위의 글을 그대로 옮겨

쓰더라도 적어보십시오. 훨씬 도움이 될 것입니다.

어느 구분에 들어가는 성경인가요?

....

_____

_____

_____

어떤 장르의 글인가요?

....

_____

_____

_____

혹시 위의 구분처럼 각 성경을 보지 않고 한 종류의 시선으로만 큐티를 하면서 어려웠던 적은 없었습니까? 예를 들어 한 구절만으로도 풍성하게 묵상할 수 있는 잠언서로 큐티를 하다가 사사기나 레위기 같이 전체 문맥을 읽어야 하는, 성경을 큐티 하면서 다가온 어려움 같은 것 말입니다. 있다면 적어보십시오.

_____

_____

_____

제11일
시(詩)들로 큐티 할 때

"시를 읽을 때는 시인의 마음이 필요하다"
....

오늘부터는 구체적으로 각 장르의 성경들을 읽고 묵상하는 큐티 연습을 하겠습니다. 오늘은 그 처음으로 시편으로 큐티하기입니다.

주의 : 시간이 여의치 않은 사람들은 여기서 다루고 있는 본문으로 매일 하는 큐티를 대신할 수도 있지만, 가능하면 매일 하던 큐티의 흐름을 잃지 않으시는 것이 좋습니다. 가능하면 특별한 기간 동안 하루 두 번 큐티를 한다고 생각하십시오.

시편을 읽고 묵상할 때 가장 중요한 태도는 그 시를 쓴 시인의 마음을 공감하는 것이 중요합니다. 그러므로 언제나 "시(詩)를 읽을 때는 시인의 마음이 필요합니다."

시(詩)들 : 많은 비유와 은유가 섞여 있어서 본문을 사실 그대로 받아들이는 것은 위험합니다. 이때는 그 비유나 은유의 뜻을 이해하는 것이 중요하므로 한 구절에 집착하기 보다는 그 시가 말하고자 하는 큰 주제가 무엇인지를 파악해야 합니다.

천년(千年)의 시(詩)들

시편은 그 책의 히브리서 제목 '테힐림'(Tehillim)에서 알 수 있듯이 '찬양'을 모은 책입니다. 지금 우리가 쓰는 시편은 70인역에서 그 제목을 '사모이'(Psalmoi)로 붙이면서 'Psalm'이 된 것입니다. 헬라어로 사모이(Psalmoi)는 '악기의 반주에 따라 불려지는 시들'이라는 의미를 갖고 있습니다. 한마디로 말해서 시편은 찬양시들을 모아놓은 책입니다. 대체적으로 모세 시대부터 시작해서 포로 이후시대까지 약 천년(千年) 정도의 기간 동안에 쓰인 글들을 모았기 때문에 다양한 저자에 의해 다양한 독자층을 대상으로 쓴 것이고, 천년(千年)이 지나도 언제나 인정받을 수 있는 찬양의 의미를 찾을 수 있는 책이라 할 것입니다.

이처럼 시편이 오랜 시간에 걸치면서 준비된 책인 까닭에 우리가 세상에서 만날 수 있는 모든 경우를 시편에서 만날 수 있다는 것이고, 가장 중요한 것은 '천년(千年)이 지난다 해도 변할 수 없는 찬양이 무엇인지'를 발견할 수 있다는 것입니다.

베스터만(Westermann)은 시편의 양식을 크게 네 가지로 구분했는데, 찬양시, 탄식시, 제왕의 시 그리고 기타 양식의 시입니다. 가장 대표적인 시의 형식은 물론 찬양시입니다.

찬양시

찬양시는 개인적인 찬양, 감사, 하나님의 왕권(왕 되심), 시온의 노래, 백성의 감사 등으로 구성되어 있습니다. 찬양시의 대표적인 중심 내용은 여호와는 하나님이시기에 '야웨 말락' 곧 "주가 다스리신다"입니다. 찬양시 40여 개 중에서 20여 개가 넘는 시편이 이 범주에 속합니다. 그러므로 우리의 찬양은 당연히 하나님의 왕 되심, 즉주 되심을 선포하는 내용이 주를 이루어야 할 것입니다(8, 15, 24, 29, 33, 46, 48, 50, 66a, 75-76, 81-82, 84, 87, 95, 100, 114, 118, 132, 149).

여호와께서 다스리시니 스스로 권위를 입으셨도다 _시 93:1

야훼, 영원히 다스리시니 시온아, 네 하나님이 영원히 다스리신다.
_시 146:10, 공동번역

왕이신 하나님을 높이고 그의 주권을 인정하고 찬송하는 것은 찬양시에서 매우 중요한 내용입니다.

탄식시

찬양시와 함께 다수를 차지하고 있는 시들이 탄식시입니다. 전체 150편 중에서 1/3 가량이 탄식시입니다. 탄식시는 말 그대로, 대체적으로 고통과 절망의 상황에서 하나님께 도움을 청하는 내용을 담고 있습니다. 그래서 그런지 시작은 대개 하나님에 대한 불평으로 시작합니다.

> 여호와여 어찌하여 멀리 서시며 어찌하여 환난 때에 숨으시나이까
> _시 10:1

> 여호와여 어느 때까지니이까 나를 영원히 잊으시나이까 주의 얼굴을 나에게서 어느 때까지 숨기시겠나이까 _시 13:1

> 내 하나님이여 내 하나님이여 어찌 나를 버리셨나이까 어찌 나를 멀리 하여 돕지 아니하시오며 내 신음 소리를 듣지 아니하시나이까 _시 22:1

그런데 사실 시편을 자세히 읽어보면 단순히 불평하는 정도가 아니라 하나님에 대한 원망이 하나님을 훈계하거나 거의 개인적인 인신공격의 차원에 이르는 모습도 보입니다.

여호와여 일어나옵소서 하나님이여 손을 드옵소서 가난한 자들을 잊지 마옵소서 _시 10:12

주여 깨소서 어찌하여 주무시나이까 일어나시고 우리를 영원히 버리지 마소서 _시 44:23

어떻게 보면 매우 불경스러운 모습으로 보일 수도 있습니다. 그런데 이런 내용들이 시편에 실려 있다는 것은 하나님이 그런 소리도 듣고 계시다는 뜻입니다. 하나님은 우리가 당신을 하나님으로 인정하는 기초에서 외치는 모든 소리를 듣고 계신 것입니다. 고통과 탄식의 상황에서 하나님을 잊어버리고 세상에서 자신의 뜻대로 사는 것보다, 차라리 탄식하고 하나님께 항의하고 따지면서라도 싸우는 모습과 목소리를 하나님은 보고 듣고 싶어 하심을 알게 됩니다.

풀타임 예배 시인들

하나님을 찬양하고 예배하는 것은 어떤 환경과 조건에 영향을 받지 않습니다. 처음 살핀 것처럼 "주가 다스리신다"라는 고백이 그들을 지배하고 있었기 때문입니다. 탄식의 상황에서도 찬양할 수 있었던 사람들이기에 그들은 어떤 상황에서도 찬양하는 풀타임 찬양자, 예배자였습니다. 엄밀하게 말해서 예배 시인들이었습니다. 감옥에서, 적군에게 쫓기는 상황에서, 병상에서도 예배하며 쓴 것을 알 수 있습니다. 그러니까 그들은 어디서든지 하나님을 묵상하였고, 하나님을 예배하며 노래한 것입니다. 그 묵상의 주제가 바로 이것입니다. "야웨 말락", "주가 다스리신다!"

큐티 수련 : 시편을 큐티하는 법

시편의 핵심은 살핀 것처럼 "야웨 말락" 곧 "주가 다스리신다!"는 것입니다. 기쁘든지 슬프든지, 생명이 있든지 죽음에 있든지 하나님이 다스리신다는 고백입니다. 그러므로 시편을 읽으면서 언제나 "주가 다스리신다"는 고백을 해야 합니다.

Centering Prayer 침묵기도, "침묵으로 마음을 새롭게 하라."
이제 시편으로 직접 큐티를 해보겠습니다. 우선 앞에서 배운대로 하나님의 음성 듣기를 원하며 읽기(렉시오)를 시작하면 되는데, 그 전에 하나님의 말씀을 듣기 위해 먼저 침묵기도로 시작하겠습니다.

침묵기도를 하셨다면 이제 본문을 읽으십시오. 본문은 시편 1편입니다. 듣겠다는 생각으로 말씀을 읽으십시오.

1복 있는 사람은 악인들의 꾀를 따르지 아니하며 죄인들의 길에 서지 아니하며 오만한 자들의 자리에 앉지 아니하고 2오직 여호와의 율법을 즐거워하여 그의 율법을 주야로 묵상하는도다 3그는 시냇가에 심은 나무가 철을 따라 열매를 맺으며 그 잎사귀가 마르지 아니함 같으니 그가 하는 모든 일이 다 형통하리로다 4악인들은 그렇지 아니함이여 오직 바람에 나는 겨와 같도다 5그러므로 악인들은 심판을 견디지 못하며 죄인들이 의인들의 모임에 들지 못하리로다 6무릇 의인들의 길은 여호와께서 인정하시나 악인들의 길은 망하리로다 _시 1:1-6

말씀을 읽을 때 감동을 주신 말씀은 어느 구절입니까?

_____

_____

_____

_____

_____

묵상 방법은 똑같습니다. 하지만 원래 시는 하나의 분명한 주제를 가지고 함축적인 단어나 표현을 사용해서 그 주제를 설명하는 장르입니다. 그러므로 하나님이 주신 구절이 무엇이든지간에, 그 구절은 시편의 전체 주제와 시편 1편의 주제를 통하여 묵상할 때 더욱 폭발적으로 말씀이 역사할 것입니다. 특히 그 시편을 읽을 때는 시인의 마음을 느끼면서 읽는 것을 잊어서는 안 됩니다. 감정을 만질 수 있도록 해보십시오.

이제 묵상하면서 내게 생긴 질문이나 깨달음들을 적어보십시오.

_____

_____

_____

_____

_____

Oratio 기도, "하나님의 속삭임에 반응하라."

말씀을 묵상하면서 주신 깨달음에 대한 나의 대답이 기도입니다. 그 기도를 적어보십시오.

_____

_____

_____

Contemplatio 쉼, "하나님 안에서 무가치함을 발견하라."

묵상과 기도 후에 잠잠함으로 하나님이 주시는 쉼을 가지십시오.

Praxio 실천, "들었으면 행동하라."

무엇을 실천하고 싶은 마음이 들었습니까? 그것을 적어보십시오.

제12일

지혜의 글들로
큐티 할 때

Lectio Divina

"읽을 때 지혜가 생기는 것을 기대하라"

....

이번에 함께 큐티 방법을 나누게 될 부분은 잠언으로 대표되는 지혜
의 글입니다. 지혜의 글을 읽고 묵상할 때 가장 중요한 태도는 하나
님께서 지혜를 허락하시기를 기대하면서 읽는 것입니다.

지혜의 글들 : 잠언서나 전도서 같은 지혜서들은 한 구절 자체가 경구
이기 때문에 전체 문맥과 관계없이 한 구절 자체만으로
묵상이 충분합니다.

지혜롭게 하는 책

잠언서를 비롯한 지혜의 글들은 잠언서 서두에서 말하는 것처럼 우리가 지혜로워지는 것을 돕기 위해 쓰인 글들입니다. 그래서 솔로몬은 잠언서를 기록한 목적을 매우 정확하게 책의 서두에서 말하고 있습니다.

> ¹다윗의 아들 이스라엘 왕 솔로몬의 잠언이라 ²이는 지혜와 훈계를 알게 하며 명철의 말씀을 깨닫게 하며 ³지혜롭게, 공의롭게, 정의롭게, 정직하게 행할 일에 대하여 훈계를 받게 하며 ⁴어리석은 자를 슬기롭게 하며 젊은 자에게 지식과 근신함을 주기 위한 것이니 ⁵지혜 있는 자는 듣고 학식이 더할 것이요 명철한 자는 지략을 얻을 것이라 _잠 1:1-5

한마디로 말해서 우리를 지혜롭게 만드는 책입니다. 지혜의 책들의 가장 중요한 중심 주제는 당연히 여호와를 경외하는 것입니다. 왜냐하면 하나님에게서 지식과 지혜가 나오기 때문입니다.

> 여호와를 경외하는 것이 지식/지혜의 근본이다 _잠 1:7, 9:10

그래서 전도서 기자는 청년 시절에 가장 중요하게 여겨야 하는 것을 창조주 하나님을 기억하는 것이라고 전도서 말미에 적습니다.

너는 청년의 때 곧 곤고한 날이 이르기 전, 나는 아무 낙이 없다고
할 해가 가깝기 전에 너의 창조자를 기억하라 _전 12:1. 개역한글

지혜로워지는 조건

솔로몬이 원래부터 지혜로운 사람은 아니었습니다. 솔로몬이 이스
라엘의 3대 왕이 되었을 때 그의 왕위는 매우 불안정했습니다. 그래
서 자신이 통치하는 데 장애로 작용하게 될 정적이었고, 자신의 이복
형이면서 실제로 왕위찬탈의 야심을 버리지 못하고 있던 아도니야와
그 아도니야를 지지했던 대제사장 아비아달과 요압 장군, 다윗을 저
주했던 시므이 등 모든 정적들을 제거하였습니다(왕상 2:13-46). 또한
견고하지 못한 자신의 왕권을 강화하기 위하여 주변 강국이었던 애
굽과의 결혼동맹을 맺기도 합니다(왕상 3:1). 불안했던 것입니다. 이
런 노력에도 불구하고 그는 늘 걱정에 사로잡혀 있었습니다.

동시에 솔로몬에게 가장 큰 걱정은 하나님의 백성들을 잘 치리할
수 있을까 하는 것이었습니다. 솔로몬이 드렸던 일천 번제는 바로
이런 관심에서 나온 것이었습니다. 일천 번의 제사, 하루에 한 번씩
드렸다면 3년이 넘는 기간의 예배였고, 하루 세 번씩 드리는 제사라
할지라도 1년이 지속되는 예배였습니다. 그것은 지극한 겸손의 표
현이었고, 하나님께 절대적으로 의존하는 표현이었습니다.

7나의 하나님 여호와여 주께서 종으로 종의 아버지 다윗을 대신하여 왕이 되게 하셨사오나 종은 작은 아이라 출입할 줄을 알지 못하고 **8**주께서 택하신 백성 가운데 있나이다 그들은 큰 백성이라 수효가 많아서 셀 수도 없고 기록할 수도 없사오니 **9**누가 주의 이 많은 백성을 재판할 수 있사오리이까 듣는 마음을 종에게 주사 주의 백성을 재판하여 선악을 분별하게 하옵소서 _왕상 3:7-9

하나님을 절대적으로 의존하려는 솔로몬의 시도는 자신의 부족함을 알기 때문이었습니다. 그래서 솔로몬은 하나님께 자신을 앞가림도 제대로 못하는 '작은 아이'라고 표현합니다. 더욱이 솔로몬은 자신이 치리해야 할 이스라엘 백성을 존귀하게 여기고 있었습니다. 개역성경에서는 '많은 백성'이라고 번역되었지만 9절을 NIV로 읽어보면 쉽게 그 뜻을 알 수 있습니다.

"For who is able to govern this great people of yours?"

공동번역은 이렇게 번역하였습니다.

"감히 그 누가 당신의 이 큰 백성을 다스릴 수 있겠습니까?"

이 같이 자신의 부족함을 알았기 때문에 솔로몬은 하나님께 지혜를 구한 것입니다. 하나님께서는 이 같은 솔로몬의 간구에 지극히 감동하시고 말할 수 없는 축복을 허락하십니다. 좀 많이 오버하신다고 느껴질 정도입니다.

> 10솔로몬이 이것을 구하매 그 말씀이 주의 마음에 든지라 11이에 하나님이 그에게 이르시되 네가 이것을 구하도다 자기를 위하여 장수하기를 구하지 아니하며 부도 구하지 아니하며 자기 원수의 생명을 멸하기도 구하지 아니하고 오직 송사를 듣고 분별하는 지혜를 구하였으니 12내가 네 말대로 하여 네게 지혜롭고 총명한 마음을 주노니 네 앞에도 너와 같은 자가 없었거니와 네 뒤에도 너와 같은 자가 일어남이 없으리라 13내가 또 네가 구하지 아니한 부귀와 영광도 네게 주노니 네 평생에 왕들 중에 너와 같은 자가 없을 것이라 _왕상 3:10-13

하나님이 이렇게 반응하신 이유는 분명히 '이것을 구하매', 곧 지혜를 구했기 때문이었습니다. 절대적으로 하나님을 의존했다는 뜻이었습니다.

지혜는 무엇입니까?

솔로몬이 구한 지혜란 무엇을 말하는 것입니까? 잠언은 매우 분명하게 "여호와를 경외하는 것이 지혜의 근본"(잠 9:10)이라고 표현합니다. 그러니까 지혜란 하나님을 두려워하고 하나님의 통치를 인정하고 그에게 청종한다는 뜻임을 알 수 있습니다. 그래서 솔로몬은 백성들을 자신의 백성 혹은 통치 대상으로 이해하지 않고 'this great people of yours', 즉 '하나님이 다스리는 위대한 백성'으로 인식하였기에 어떻게 하나님의 백성들을 바르게 이끌 것인지를 물은 것입니다. 결국 솔로몬은 자신이 백성들을 다스리기 전에 자신이 하나님에게 철저히 다스려져야 한다는 인식을 한 것입니다. 바로 그 인식에서 나온 표현이 지혜를 구하는 것이었습니다.

큐티 수련 : 지혜의 글들로 큐티 하는 법

잠언을 비롯한 지혜의 글들은 분명 우리를 지혜롭게 할 것입니다. 그것은 지혜이신 하나님에게서 나온 글이기 때문입니다. 그러므로 지혜의 글들로 큐티를 할 때는 다음의 두 가지를 마음에 두고 있어야 합니다.

①하나님을 경외하는 마음입니다.
②지혜를 구하는 목적이 하나님의 나라와 의가 되어야 합니다.

Centering Prayer 침묵기도, "침묵으로 마음을 새롭게 하라."
말씀을 읽고 묵상하기 전에 먼저 하나님의 말씀을 듣기 위하여 침묵기도로 시작하겠습니다.

Lectio 읽기, "편견 없이 말씀을 읽고 들어라. 단 한 번으로!"

먼저 침묵기도를 하셨다면 이제 본문을 읽으십시오. 본문은 잠언 3장 1-10절입니다. 전제 없이 읽기와 듣기에 집중하십시오.

¹내 아들아 나의 법을 잊어버리지 말고 네 마음으로 나의 명령을 지키라 ²그리하면 그것이 네가 장수하여 많은 해를 누리게 하며 평강을 더하게 하리라 ³인자와 진리가 네게서 떠나지 말게 하고 그것을 네 목에 매며 네 마음판에 새기라 ⁴그리하면 네가 하나님과 사람 앞에서 은총과 귀중히 여김을 받으리라 ⁵너는 마음을 다하여 여호와를 신뢰하고 네 명철을 의지하지 말라 ⁶너는 범사에 그를 인정하라 그리하면 네 길을 지도하시리라 ⁷스스로 지혜롭게 여기지 말지어다 여호와를 경외하며 악을 떠날지어다 ⁸이것이 네 몸에 양약이 되어 네 골수를 윤택하게 하리라 ⁹네 재물과 네 소산물의 처음 익은 열매로 여호와를 공경하라 ¹⁰그리하면 네 창고가 가득히 차고 네 포도즙 틀에 새 포도즙이 넘치리라 _잠 3:1-10

이 말씀을 읽을 때 감동을 주신 말씀은 어느 구절입니까?

_____

_____

_____

Meditatio 묵상. "주신 말씀을 반복하여 읽고 하루 종일 묵상하라."

이제 묵상하면서 내게 생긴 질문이나 깨달음들을 적어보십시오.

묵상 방법은 똑같습니다. 하지만 지혜의 글은 한 구절 한 구절이 모두 경구이기 때문에 마음에 깊이 와닿는 단 한 구절을 붙잡고 깊이 묵상하여도 괜찮습니다. 반드시 하나님을 경외하는 마음을 가지고 "나를 가르치소서"라고 기도하면서 말씀을 묵상해야 합니다. 하나님이 우리 안에 지혜를 부으시는 거룩한 역사를 경험하게 될 것입니다.

여기까지 잘 하였다면 이후로는 나머지 방법을 사용해서 큐티를 계속 진행하시면 됩니다.

Oratio 기도, "하나님의 속삭임에 반응하라."

말씀을 묵상하면서 주신 깨달음에 대한 나의 대답이 기도입니다. 그 기도들을 적어보십시오.

_____

_____

_____

_____

Contemplatio 쉼, "하나님 안에서 무가치함을 발견하라."

묵상과 기도 후에 잠잠함으로 하나님이 주시는 쉼을 가지십시오.

_____

_____

_____

_____

Praxio 실천, "들었으면 행동하라."

무엇을 실천하고 싶은 마음이 들었습니까? 그것을 적어보십시오.

_____

_____

_____

_____

제13일

이야기로 된 글들로
큐티 할 때

"그 시대 속으로 들어가서 그들을 만나라"

성경의 가장 많은 부분을 차지하는 글의 장르, 즉 형식은 서술적인 이야기(narrative story)입니다. 대표적인 것이 예수님의 생애를 기록한 복음서들이지만 구약의 역사서인 열왕기서 등과 신약의 사도행전도 그 부류에 속하며, 모세오경에 속하는 창세기, 출애굽기, 민수기 등도 이야기 형식의 글이라고 말할 수 있습니다. 뿐만 아니라 예언서 속에도 이야기체가 있고 많은 장르의 글에 이야기체가 사용되고 있습니다.

물론 단순하게 사실 나열 중심의 이야기 글도 있지만, 은유와 그림언어로 구성된 이야기 글도 있습니다. 그런 경우들만 주의해서 본다면 대부분의 성경의 글들은 이야기체입니다.

> 이야기체의 글들 : 역사서나 복음서 등은 물론 심지어 서신들까지 대부분 서술적 방식의 이야기체로 쓰여 있습니다. 이런 경우의 말씀을 읽을 때는 문맥에 따르는 것이 중요합니다. 만일 마음에 다가온 한 구절이 있을지라도 그 말씀을 전체 문맥 속에서 읽어야 합니다.

이야기에선 문맥이 중요하다

이야기로 된 글들로 큐티 할 때 가장 중요한 것은 전체 문맥 속에서 말씀을 읽는 것입니다. 특히 이야기체의 글을 읽을 때는 더 중요합니다. 예를 들어 마가복음 6장 14-29절을 본문으로 읽다가(렉시오) 마음에 와 닿은 구절을 만났다고 합시다. 22절 말씀입니다.

"무엇이든지 네가 원하는 것을 내게 구하라 내가 주리라."

묵상하는 사람은 이 말씀을 묵상하면서 하나님의 음성을 들으려고 시도합니다. "무엇이든지 원하는 것을 구하기만 하면 다 주겠다"는 음성이었기 때문입니다. 순간 그렇게 볼 수 있습니다. 하지만 매우 잘못된 적용에 이를 수 있습니다. 왜냐하면 22절의 말씀은 하나님이 하신 말씀이 아닙니다.

이 말씀은 첫째 부인 나바티안 공주와 이혼한 후 자기의 이복동생 헤롯 빌립의 아내 헤로디아를 아내로 맞이한 헤롯 왕의 불의한 행동에 대해 비난하는 세례 요한 사건을 배경하고 있습니다. 22절은 헤롯 자신의 생일에 근사하게 춤을 춘 헤로디아의 딸 살로메에게 헤롯이 한 말이기 때문입니다.

본문을 읽으면 알 수 있지만 살로메는 어머니 헤로디아의 요청에 따라 세례 요한의 목을 원합니다. 엉뚱한 배경에서 나온 말씀임을 알 수 있습니다. 주의해야 합니다. 이야기에서 중요한 것은 그 구절이 아니라 그 구절이 어떤 상황에서 나온 것인지를 아는 것입니다. 그러므로 우리는 주신 말씀을 중심으로 앞뒤를 둘러싸고 있는 문맥을 살피고 연구하는 것이 필요합니다. 그래야 자기 편의대로, 자신의 입맛대로 해석하고 싶은 유혹에서 벗어날 수 있고, 전혀 엉뚱하게 해석하는 것도 피할 수 있습니다.

이야기 속에 파묻혀서

특히 복음서 같은 예수님의 생애를 읽을 때 우리는 좀 더 감정이입이 필요합니다. 그 이야기 속으로 들어가서 깊이 묵상하고 경험해야 하는 것입니다.

사실 우리가 알고 있는 관조(Contemplatio)는 '쉼'이라는 뜻 말고

'관상'이란 말로도 쓰입니다. 하지만 여기서 우리는 관상이란 의미로 쓰고 있지 않습니다. 일반적으로 관상은 천주교에서 사용하는 로욜라의 이냐시오(Ignatius de Loyola)의 영신수련(靈神修鍊) 방법입니다.

이냐시오는 관상의 중요성을 두 가지 관점에서 말했습니다. 하나는 "내가 관상하고자 하는 사건의 역사를 다시 한 번 생각하는 것"이고 다른 하나는 "그 장소를 가상해서 보는 것"과 관계가 있습니다. 즉, 관상의 대상을 시각화하고, 그것을 상상의 눈으로 보고, 귀로 듣고, 코로 냄새를 맡고, 마치 혀로 맛보고 손으로 만져보는 것처럼 그 명상의 대상이 지니는 세세한 부분을 깊이 관찰함으로써, 그 대상을 자기 속에 체화(體化)하는 것입니다.

대표적으로 영화 〈패션 오브 크라이스트〉가 그런 경우입니다. 이 이야기는 'EWTN'이라는 미국 가톨릭 방송이 멜 깁슨과 한 인터뷰 내용입니다. 멜 깁슨이 폐쇄되는 교회의 도서관을 매입한 후 방문했을 때입니다. 우연히 그 도서관 서고에서 어떤 책을 보려고 손을 뻗었는데 그 옆에 있던 다른 책이 떨어졌습니다. 에머리히 수녀가 쓴 책이었다고 합니다. 그 책이 멜 깁슨이 영화를 만드는 데 매우 중요한 역할을 하였습니다.

앤 캐서린 에머리히(1774-1824) 수녀가 쓴 책은 〈그리스도의 수난〉으로서 관상기도 중에 예수님과 성모 마리아를 목격하며 나눈 대화를 기록한 책입니다. 멜 깁슨은 그 기록을 마치 사실처럼 취급하였고, 영화를 만들 때 성서에 나오지 않는 내용들을 구성하는 데 사용하였습니다.

　이처럼 우리는 예수님의 그 사건 이야기 속으로 들어가 묵상할 수 있습니다. 하지만 그것을 멜 깁슨이나 에머리히 수녀처럼 지나치게 성서와 동일하게 존중할만한 것으로 여기는 것은 위험천만한 방법입니다. 말씀을 경험하고 그 속에서 깊이 묵상하면서 참여하는 것은 우리가 잃어버린 방법이지만, 다만 그것 이상으로 여겨서는 안 됩니다. 하지만 이렇게 권면하고 싶습니다.

　"이야기 속으로 들어가서 묵상하며 그분을 만나라."

큐티 수련 : 이야기체의 글로 큐티하는 법

　어떻게 보면 전체 속에서 본문을 읽는다는 점에서 지혜의 글을 읽을 때와 같아 보일 수 있습니다. 물론 지혜의 글을 읽을 때처럼 한 구절 한 구절을 읽고 묵상하는 것도 좋지만 약간의 차이가 있습니다.

　지혜의 글이 전체 주제의 조명 아래 내게 주신 말씀을 읽는 것이라면, 이야기체의 글들은 주제가 아니라 전체 문맥, 즉 이야기의 흐름 속에서 내게 주신 말씀을 읽어야 한다는 점과 감정 이입이 필요하다는 차이입니다.

　이제 복음서를 예로 큐티를 하겠습니다. 꼭 기억하셔야 할 것은 언제나 모든 큐티의 시작은 듣기 위한 읽기여야 합니다.

Centering Prayer 침묵기도, "침묵으로 마음을 새롭게 하라."

말씀을 읽고 묵상하기 전에 먼저 하나님의 말씀을 듣기 위하여 침묵기도로 시작하겠습니다.

Lectio 읽기, "편견 없이 말씀을 읽고 들어라. 단 한 번으로!"

먼저 침묵기도를 하셨다면 이제 본문을 읽으십시오. 본문은 마가복음 7장 24-30절입니다. 듣겠다는 생각으로 말씀을 읽으십시오.

24예수께서 일어나사 거기를 떠나 두로 지방으로 가서 한 집에 들어가 아무도 모르게 하시려 하나 숨길 수 없더라 25이에 더러운 귀신 들린 어린 딸을 둔 한 여자가 예수의 소문을 듣고 곧 와서 그 발 아래에 엎드리니 26그 여자는 헬라인이요 수로보니게 족속이라 자기 딸에게서 귀신 쫓아내 주시기를 간구하거늘 27예수께서 이르시되 자녀로 먼저 배불리 먹게 할지니 자녀의 떡을 취하여 개들에게 던짐이 마땅치 아니하니라 28여자가 대답하여 이르되 주여 옳소이다마는 상 아래 개들도 아이들이 먹던 부스러기를 먹나이다 29예수께서 이르시되 이 말을 하였으니 돌아가라 귀신이 네 딸에게서 나갔느니라 하시매 30여자가 집에 돌아가 본즉 아이가 침상에 누웠고 귀신이 나갔더라 _막 7:24-30

이 말씀을 읽을 때 감동을 주신 말씀은 어느 구절입니까?

Meditatio 묵상. "주신 말씀을 반복하여 읽고 하루 종일 묵상하라."

　지금까지의 묵상 방법을 좀 달리 해서 본문의 상황으로 들어가 보십시오. 자신이 수로보니게 여인이 되거나 아니면 거기에 있는 어떤 사람이 되어서 바라보십시오. 가능하면 주변을 돌아보면서 다른 사람들의 반응 등을 생각해보십시오.

　본문 안에 있는 사람들(보이지 않는 사람들 포함) 중 누구가 되어보시겠습니까?

_____

_____

_____

　깊은 묵상 후에, 지금 만난 상황에 대한 소감을 그 사람의 입장이 되어서 적어보십시오.

_____

_____

_____

이번에는 주변을 돌아보면서 만나게 되는 그곳에 있는 사람들(보이지 않는 사람들 포함)은 어떻게 반응하고 있고, 어떻게 생각하고 있는지를 상상하신 후 적어보십시오.

이제는 내게 주신 말씀을 이와 같은 묵상을 전제로 다시 . 달라진 관점이나 감동이 있다면 적어보십시오.

여기까지 잘 하였다면 이후로는 나머지 방법을 사용해서 큐티를 계속 진행하시면 됩니다.

Oratio 기도, "하나님의 속삭임에 반응하라."

말씀을 묵상하면서 주신 깨달음에 대한 나의 대답이 기도입니다.

그 기도들을 적어보십시오.

_____

_____

_____

_____

Contemplatio 쉼, "하나님 안에서 무가치함을 발견하라."
묵상과 기도 후에 잠잠함으로 하나님이 주시는 쉼을 가지십시오.

_____

_____

_____

_____

Praxio 실천, "들었으면 행동하라."
무엇을 실천하고 싶은 마음이 들었습니까? 그것을 적어보십시오.

_____

_____

_____

제14일

묵시로 된 글들로
큐티 할 때

Lectio Divina

"우리의 해석 능력의 한계를 인정하라"

성경을 읽을 때 가장 어려울 수 있는 부분이 묵시문학적인 글들입니다. 대표적인 책으로는 요한계시록과 다니엘서 등이 있으며 마가복음 13장도 작은 묵시록으로 분류됩니다.

> 묵시문학적인 글들 : 상징과 그림언어들을 가지고 기록되어 있는 묵시문학적인 글들은 문자 그대로 묵상할 때 위험할 수 있습니다. 그러므로 문자적인 해석보다 주의깊은 해석서의 도움을 받을 필요가 있습니다.

묵시문학은 '덮개를 제거하다(uncover), 벗기다, 나타나다'란 뜻을 가진 헬라어 '아포칼립토'에서 나온 표현으로 숨겨진 것을 드러내는 장르의 글을 말합니다.

묵시문학은 신구약 중간사 시대에 주로 생성되었는데, 대부분의 묵시서들은 이원론적 요소를 가지고 '이 세대와 저 세대, 이 땅과 저 하늘'이라는 구조를 가졌습니다(Bruce M. Metzger, 〈예수 그리스도의 계시라〉, 30). 이러한 구도는 하늘의 비밀을 본 선지자들의 태도였습니다. 그러므로 일반적으로 묵시문학은 종말론적 관심을 갖고 있었고 종말의 하나님의 심판과 구원을 말하므로 오늘 우리가 어떻게 살 것인지를 가르치고자 하였습니다.

예를 들어 요한계시록을 지은 저자 요한이 하늘로 올라가 하늘의 모습을 봅니다.

이 일 후에 내가 보니 하늘에 열린 문이 있는데 내가 들은 바 처음에 내게 말하던 나팔 소리 같은 그 음성이 이르되 이리로 올라오라 이 후에 마땅히 일어날 일들을 내가 네게 보이리라 하시더라 _계 4:1

요한이 본 것은 하늘의 모습만이 아니라 지금 벌어지고 있는 세상의 모습과 앞으로 될 일들에 대한 것이었습니다.

그림언어를 쓰는 이유

요한이 본 것은 지금 세상에서 벌어지고 있는 논리가 잘못되었다는 것이었습니다. 로마에 순종하면 평화와 행복이 보장되어 있다는 팍스 로마나의 논리는 거짓이고, 결국 우리를 멸망에 이르게 하는 것임을 요한이 하늘에 올라가서 분명하게 본 것입니다. 요한은 그것을 알리고 싶었습니다. 그때 요한은 그림언어와 상징들을 사용하였습니다. 그럴 수밖에 없었습니다.

알다시피 요한계시록은 도미티안 황제 통치 후기에 쓰여진 것으로 추정됩니다. 왜냐하면 역사적으로 그리스도인들에게 가이사 숭배를 요청한 황제는 도미티안이었고, 이때 가이사는 자신이 '우리의 주시며 하나님'(Dominus et Deus noster)이라며 자신에게 찬양을 요구하였기 때문입니다.

그러나 기독교는 이러한 황제 숭배 요청을 거절하였고, 이로 인해 심각한 박해에 직면하였습니다. 오로지 황제에게만 '주'(主, 도미누스, Dominus)라는 명칭을 쓰게 했는데 기독교인들이 예수를 '주'라고 불렀기 때문입니다. 따라서 당시에 예수를 '주'로 고백하는 것은 엄청난 박해의 원인이었습니다. 그래서 크리스천들은 상징과 그림언어를 쓰기 시작하였습니다. 대표적인 것이 '물고기' 모양으로 표현하는 크리스천들의 자기 신앙고백입니다.

우리가 요즘 자동차 뒤에 붙이는 물고기 모양은 초대교회가 예수를 주님으로 고백하는 상징적인 그림언어였습니다. 물고기를 쓴 이유는 "예수 그리스도는 구원자이시고 하나님의 아들이시다"라는 말의 첫 글자들을 조합하였더니 물고기란 뜻인 '익투스'(IXΘUS)가 되었기 때문입니다. 요한이 이 같은 그림언어와 상징을 사용하여 그 당시의 상황을 표현한 것입니다.

그리고 중요한 것은 요한이 하늘에서 본 마지막 때에 대한 것이었습니다. 비록 당시는 짐승과 용으로 대표되는 로마의 권세가 득세하고 있지만 마지막 때에 하나님이 심판하시며 하나님의 백성들을 구원할 것이라는 환상이었습니다.

> **9**이 일 후에 내가 보니 각 나라와 족속과 백성과 방언에서 아무도 능히 셀 수 없는 큰 무리가 나와 흰 옷을 입고 손에 종려 가지를 들고 보좌 앞과 어린 양 앞에 서서 **10**큰 소리로 외쳐 이르되 구원하심이 보좌에 앉으신 우리 하나님과 어린 양에게 있도다 하니 _계 7:9-10

이 놀라운 환상을 보게 된 요한은 교회를 격려합니다. 지금 아무리 고통스럽더라도 끝이 아니기 때문이었습니다. 그러므로 교회가 '죽임당하신 어린 양'을 따라서 고난과 순교를 각오하고 성전(聖戰)을 싸울 때, 결국은 예수가 승리한 것처럼 교회가 온 세상을 구원한다(계 12:11)는 메시지를 요한이 전한 것입니다.

그림언어를 쓰는 또 다른 이유

그림언어를 쓰는 또 다른 이유가 있습니다. 현세를 넘어선 하늘의 모습은 아무리 설명하려 해도 인간적인 기술방법으로 불가능하기 때문에 그림언어나 신화, 상징들을 사용할 수밖에 없었고, 언제나 우리의 상황 속에서 재해석되어 표현될 수밖에 없었습니다. 그러므로 반드시 표현의 한계에 부딪힐 수밖에 없었던 것입니다.

예를 들어 고려시대 사람이 타임머신을 타고 현재 시점의 서울에 와서 TV를 보고 돌아가 자신이 살던 시대의 세계관을 가지고 표현한다고 가정하면 이해할 수 있을 것입니다. 고려시대 사람은 자신이 본 TV를 고려시대의 언어와 세계관으로는 도무지 표현할 길이 없었을 것입니다. 고작 그림언어나 상징, 비유, 신화적 상상력을 사용할 수밖에 없었을 것입니다. 그 같은 방법으로 기술할지라도 그 시대 사람들의 대부분은 이해할 수 없었을 것입니다.

이것이 묵시문학입니다. 그러므로 묵시문학을 역사서처럼 취급하거나 지혜문학이나 시가서처럼 은유적인 의미로 단순히 해석하면 안 됩니다. 특히 신학적인 지식이 없는 사람들이 큐티 할 때는 더 주의깊게 살필 필요가 있습니다. 가능한 자세하게 설명된 주석이나 신뢰할만한 묵상자료를 참고하여 성경을 읽는 것이 중요합니다.

큐티 수련 : 묵시로 기록된 글들을 큐티하는 법

묵시문학적인 글들을 안일하게 읽거나 해석하는 것은 위험합니다. 말씀드린 것처럼 단순하게 이해하여 해석할 수 없는 글이기 때문입니다. 수없이 많은 상징, 그림언어 등으로 코드화한 글이기 때문입니다.

요한계시록 13장 11절부터 18절을 읽고 '짐승의 수' 곧 '666'(계 13:18)을 어떻게 이해해야 하는지 생각해보십시오.

_____

_____

_____

_____

'666'을 어떻게 이해하셨습니까? 이에 대해 그동안 갖고 있었던 지식은 어떤 것이었습니까?

_____

_____

_____

_____

666을 이해하기 위하여

요한계시록이 기록된 시기에 로마는 황제를 신격화하기 위해 막강한 그림언어를 동원하였는데, 요한계시록의 그림언어들은 이러한 그림에 대항하는 의미도 갖고 있습니다.

특히 요한은 신화적 요소들까지 받아들여 카오스(chaos)의 힘을 상징하는 용을 등장시켰습니다. 요한계시록에 나오는 그림언어들 중에서 용, 짐승, 음녀, 바다 같은 표현은 요한이 하늘에서 내려다본 로마의 모습과 주변 상황을 말하는 것이었습니다. 특히 13장에 나오는 '짐승'은 로마의 정치적 무력을 말하는데, 이 정치적 무력은 항상 음녀, 즉 달콤한 약속을 동반하였습니다(계 17-18장). 이 두 가지는 항상 함께 붙어 있었는데, 이것을 요한은 '짐승을 탄 음녀'(계 17:3)로 표현하였습니다.

결국 팍스 로마나(Pax Romana)는 경제적 풍요와 정치적 평화를 주겠다고 말하지만 진실은 정치적 폭압정치와 쾌락문화로 이끄는 것이라고 요한이 상징적인 언어로 드러내려 한 것입니다. 더 중요한 것은 짐승이 자신을 신격화시켜서 모든 사람들의 숭배를 요청하고 있는데, 여기서 짐승은 사탄(Chaos, 용)의 현현으로 로마를 말합니다.

그런데 요한이 하늘에서 보니까 세상의 왕들과 장사꾼들이 함께 동조할 뿐 아니라(계 17:2) 교회까지 현혹되어 휩쓸리고 있는데, 이 같은 세상에서 살 수 있는 방법은 짐승의 수인 666을 받아야 하는 것이었습니다.

지금까지 설명한 흐름으로 보면 인(印)을 받아야 되는 짐승의 수 666은 로마 혹은 황제를 상징하는 것으로 보입니다. 그러면 왜 요한은 이 666이란 숫자를 사용하여 설명한 것입니까?

과거 폼페이가 화산으로 무너져 내렸는데, 후에 발굴할 때 흙더미를 파헤치면서 재미있는 글귀들이 발견됩니다. 그 중에 예를 들어 "나는 숫자가 545인 소녀를 사랑한다"는 글귀가 있었습니다. 당연히 545는 암호입니다. 은밀한 남녀 간의 비밀 명칭이었던 것입니다. 이처럼 글자를 숫자로 변환시켜 해석하는 방법을 게마트리아(Gematria)라고 하는데, 예를 들어 알파(A)는 1, 베타(B)는 2이며, 에타(H)는 8, 카파(K)는 20 등입니다. 이렇게 헬라어나 히브리어에는 숫자 값이 있었던 것입니다.

이 같은 게마트리아를 해석하는 것은 쉽지 않습니다. 앞에서 예로 든 545의 경우 545가 될 수 있는 방법은 500+40+5만 있는 것이 아니라 300+200+30+10+5도 있을 수 있는 등 여러 경우의 수가 발생하기 때문입니다. 그래서 정확한 이름을 찾기가 어렵습니다.

흔히 666을 네로와 연결시키려 하는 것이 요한계시록 연구에서 많은 까닭은 네로의 숫자 값으로 666이 나오기 때문입니다. 물론 앞에서 본 것처럼 다른 단어를 만들 수도 있습니다. 내가 원하는 단어들에 맞도록 숫자를 이용하면서 말입니다. 그러므로 666을 김일성, 교황 등 자기 마음대로 조합하여 해석하거나, 단순히 현상적으로 해석하여 베리칩으로 해석한다든지 하는 것은 지나치게 자의적임을 알 수 있습니다. 주의해야 할 접근 방식입니다.

그런데 우리는 이처럼 복잡한 상황을 담고 있는 666을 문자적으로 해석하였습니다. 그림언어, 상징이 가득 들어 있는 숫자임을 간과한 것입니다. 그러므로 정확한 뜻이 무엇인지 물으려 한다면 666을 단순히 문자적으로 해석하는 것을 멈춰야 합니다.

주의 : 묵시문학적인 글들을 함부로 해석하는 것은 위험합니다. 언제나 신뢰할만한 목회자나 신학자들의 해석서들을 참조하는 것이 중요합니다. 소위 문자적으로 해석하는 자칭 신령한 자들의 말을 듣는 것은 조심하십시오.

그러면 어떻게 해야 합니까?

첫째, 가장 중요한 것은 내가 이해할 수 있는 범위 안에서 해석하는 것입니다.

둘째, 적절한 안내를 받아야 합니다.

셋째, 해석하기 힘든 부분은 조심히 내려놓고 전문적인 이들의 도움을 받는 것이 중요합니다.

이 사실들을 아는 것이 중요합니다. 특히 묵시문학으로 큐티 할 때는 더욱 그렇습니다.

묵상 질문

오늘 공부하면서 느낀 점을 적어보십시오.

_____

_____

_____

_____

_____

제15일

율법이나 족보를 다룬
글들로 큐티 할 때

Lectio Divina

"그 말씀의 의도를 생각하라"

새해를 맞이하여 새로운 마음으로 신나게 성경 통독을 계획하여 열심히 읽다가도 성경 통독에서 무너지는 지점이 있습니다. 주로 족보와 율법에 대한 설명 부분입니다. 이것은 큐티 본문으로 회피되는 부분들이기도 합니다. 족보나 율법에 대한 기록들은 구약의 모세오경만이 아니라 예언서들에도 나오고 신약의 마태복음이나 누가복음에도 나옵니다. 그렇다면 어떻게 읽어야 하겠습니까?

무너지는 지점

창세기부터 시작하여 성경을 읽다보면 약간 재미없는 부분들이 나오는데, 창세기 5장에 나오는 아담 자손의 족보나 창세기 10장의 노아의 족보, 창세기 11장의 셈 자손의 족보, 창세기 36장의 에서 자손의 족보 등입니다. 하지만 처음에는 열심히 읽으려는 열정으로 창세기를 넘어 출애굽기에 이릅니다.

출애굽기의 처음은 영화 〈십계〉 등 우리에게 익숙한 엑소더스 사건을 기록하고 있어서 재미있게 읽어가지만, 드디어 위험한 지점을 만납니다. 그 첫 번째 지점은 출애굽기 20장의 십계명과 24장까지 이어지는 '부속 계명'을 읽을 때입니다.

결정적으로 많은 사람들이 성경 읽기를 멈추는 치명적인 난코스가 등장하는데, 출애굽기 25장부터 30장까지에 나오는 성막과 제사에 관계된 기록들입니다. 증거궤(25장), 성막(26장), 번제단(27장), 제사장의 복식(28장) 등의 기록은 별로 감동이 없습니다. 그래도 버티던 사람들조차 35장부터 등장하는 성막의 재료와 구성, 기구들의 설명으로 가득찬 기록이 출애굽기의 마지막 장인 40장까지 이어질 때 결국 성경 읽기의 재미를 상실하게 됩니다.

그래도 힘들게라도 출애굽기를 넘어선 사람은 레위기라는 태산 같은 율법책을 만납니다. 1장부터 번제, 소제를 드리는 법으로 시작하는 레위기 전체는 율법과 제사법에 대한 기록입니다. 창세기부터 출애굽기까지, 그동안 잘 견뎌왔을지라도 대부분의 사람들은 이 레위기를 넘지 못하고 포기하고 맙니다. 하지만 사실 레위기는 재미있습니다. 의도를 좇아 읽는 데 관심을 두고 정리한 평신도를 위한 성경 읽기 시리즈 '하정완 목사와 성경 읽기' 중 레위기를 읽어보시면 알 수 있을 것입니다(하정완, 〈레위기, 사람이 하나님을 만날 때〉, 나눔사).

> 율법이나 족보를 다룬 글들 : 사실 큐티 할 때 가장 회피하고 싶은 부분이기도 합니다. 끝없이 "누가 누구를 낳고"로 이어지는 것 같은 경우를 만나기 때문입니다. 이때 주의할 것은 저자의 의도입니다. 그 의도를 생각하면서 성경 전체의 흐름을 따라 본문을 읽거나 큐티 설명서들의 도움을 받고 묵상하는 것이 좋습니다.

율법이나 족보를 다룬 글들을 만날 때 기억해야 할 가장 중요한 것은 '의도'(intention)입니다. 놀랍게도 우리가 그토록 지루하게 여기는 이 책을 쓴 사람이 존재하기 때문이고, 우리가 소홀하게 여기고 넘기는 족보의 한 사람, 한 사람이나 성막을 기술하는 사소한 내용도 분명히 매우 중요한 의도 아래 쓰여졌기 때문입니다.

족보의 의도

창세기 11장 10절부터 나오는 셈의 후손에 대한 기록은 단순한 기록이 아닙니다. 하나님이 왜 아브라함을 갈대아 우르에서 불렀는지를 알게 해주는 매우 중요한 기록입니다.

셈에게는 다섯 명의 아들이 있었습니다. "셈의 아들은 엘람과 앗수르와 아르박삿과 룻과 아람이요"(창 10:22). 그 중 셋째 아들이 아르박삿입니다. 아르박삿은 갈대아 사람들의 조상으로 알려지는데, 그것은 '허리안 혹은 누찌 서판'(Hurrian/Nuzi tablets)에 나오는 표기 때문입니다. 거기에서 갈대아의 창시자를 '아립 허라'(Arip-hurra)라는 이름으로 표현하였습니다.

이것은 중요합니다. 왜냐하면 아브람이 하나님의 부르심을 받고 떠난 곳이 갈대아 우르이기 때문이고, 그 계보를 살펴보면 셈-아르박삿-에벨-벨렉-르우-나홀-데라-아브람(창 11:10-26)으로 이어지기 때문입니다. 그리고 아브라함-다윗-예수에게로 이어집니다.

이 같은 기록에 대한 이해는 왜 하나님이 갈대아 우르에 있는 아브람을 믿음의 조상으로 부르셨는지와 아브라함과 예수님의 관계를 알게 해줍니다. 그런 점에서 지루해 보이지만 중요한 것입니다. 족보는 분명히 쓴 사람의 의도가 있습니다. 그러므로 그 의도를 아는 순간 우리에게는 상상할 수 없는 깨달음이 다가올 수 있습니다.

한 가지 더 예를 들면, 마태복음 1장의 예수님의 족보와 누가복음 3장의 예수님의 족보는 같은 것처럼 보이지만 다릅니다. 마태복음은 "아브라함과 다윗의 자손 예수 그리스도의 계보라"(마1:1)라고 기술하면서 아브라함부터 시작하여 예수에게 올라가 이르는 족보 기술 방법을 사용했습니다.

반면에 누가복음은 예수로부터 시작하여 위로 올라가는 상향식 족보 기술을 사용하였는데, 아브라함을 시작점으로 삼는 마태복음과 달리 누가복음은 아브라함을 넘어 하나님을 근원으로 삼습니다.

> 그 위는 에노스요 그 위는 셋이요 그 위는 아담이요 그 위는 하나님
> 이시니라 _눅 3:38

이 같이 기록 방법을 달리 한 것은 분명한 의도가 있는 것입니다. 대체적으로 마태복음이 유대 크리스천들을 위한 책이라는 것을 감안하면 유대인의 조상인 아브라함을 그 정점에 두는 것과 함께 다윗에 강조점을 둔 분할된 족보 기술이 이해됩니다. 마태는 그것을 친절하게 설명하였습니다.

> 그런즉 모든 대 수가 아브라함부터 다윗까지 열네 대요 다윗부터
> 바벨론으로 사로잡혀 갈 때까지 열네 대요 바벨론으로 사로잡혀
> 간 후부터 그리스도까지 열네 대더라 _마 1:17

그러나 누가복음은 구속사적인 관점에서 쓰였기에 유대인보다는 이방인 등 모든 사람들에게 초점을 맞추어 기록하였습니다. 족보도 마찬가지입니다. 그래서 예수에게서 하나님에게로 이르는 지루할 정도의 단순 기술 방법을 쓴 것입니다. 여기서는 마태복음과 달리 아브라함도, 다윗도 특별하게 취급되지 않습니다.

²³예수께서 가르치심을 시작하실 때에 삼십 세쯤 되시니라 사람들이 아는 대로는 요셉의 아들이니 요셉의 위는 헬리요 ²⁴그 위는 맛닷이요 그 위는 레위요 그 위는 멜기요 그 위는 얀나요 그 위는 요셉이요 ²⁵그 위는 맛다디아요 그 위는 아모스요 그 위는 나훔이요 그 위는 에슬리요 그 위는 낙개요 … ³⁴그 위는 야곱이요 그 위는 이삭이요 그 위는 아브라함이요 그 위는 데라요 그 위는 나홀이요

_눅 3:23–25,34

이 같이 살펴본 것에서 알 수 있듯이, 족보는 단순한 기록이 아니라 매우 중요한 의도를 가지고 기록되었다는 사실을 알 수 있습니다. 이것을 이해한다면 족보에 나오는 한 사람, 한 사람이 중요해집니다. 그러므로 이 말을 기억해야 합니다. "족보는 의도를 가지고 기록되었다."

율법의 의도

율법 역시 매우 지루해 보이지만 중요한 의도들이 숨어 있습니다. 율법의 의도는 언제나 하나님의 의도입니다. 가장 중요한 의도를 레위기는 이렇게 기록하고 있습니다.

³너희는 너희가 거주하던 애굽 땅의 풍속을 따르지 말며 내가 너희

를 인도할 가나안 땅의 풍속과 규례도 행하지 말고 ⁴너희는 내 법도를 따르며 내 규례를 지켜 그대로 행하라 나는 너희의 하나님 여호와이니라 _레 18:3-4

우리가 율법을 따라야 하는 이유는 여호와가 우리 하나님이 되시고 우리는 그의 백성, 그의 자녀가 되기 때문입니다. 그래서 우리는 하나님의 거룩을 따라 살아야 하는 것입니다. 하나님이 거룩하시기 때문입니다.

너희는 거룩하라 이는 나 여호와 너희 하나님이 거룩함이니라 _레 19:2

그러므로 율법은 하나님을 따라 사는 거룩한 자들의 삶의 방법이라고 말할 수 있습니다. 하나님은 자신의 백성들이 율법으로 어떻게 살아야 하는지를 가르치셨습니다. 거기에는 먹는 것, 입는 것, 예배하는 것 등의 일체의 방법이 적혀 있습니다. 우리가 지루해하는 부분입니다. 그렇지만 하나님이 요청하신 것은 왕의 자녀들이 아무렇게 살지 않고 법도를 지키는 것처럼, 우리가 하나님의 자녀이고 왕의 백성이기 때문에 법도가 필요하다고 말씀하시는 것입니다. 결국 율법을 지키는 것은 우리가 하나님의 자녀임을 더 분명하게 하는 것임을 알게 됩니다. 이것이 율법의 의도입니다. 그러므로 이것을 기억하십시오. "율법은 우리가 하나님의 자녀임을 확인시켜준다."

큐티 수련 : 율법이나 족보를 다룬 글들로 큐티하는 법

장황해 보이는 율법이나 지루해 보이는 족보들을 읽을 때 가장 중요한 것은 앞에서 살핀 것처럼 '의도'입니다. 그러므로 아무리 길고 지루해 보여도 그 말씀에는 매우 중요한 의도가 숨어 있음을 잊지 말아야 합니다.

이제 이런 유형의 말씀 중에서 마태복음에 나오는 예수님의 족보를 가지고 큐티를 하겠습니다. 꼭 기억하셔야 할 것은, 모든 큐티는 언제나 렉시오. 곧 '듣기' 위해 전제 없는 '읽기'부터 시작해야 한다는 것입니다. 침묵기도를 통하여 마음을 하나님 앞에 서게 한 다음 읽기를 시작하십시오.

Centering Prayer 침묵기도, "침묵으로 마음을 새롭게 하라."

말씀을 읽고 묵상하기 전에, 먼저 하나님의 말씀을 듣기 위하여 침묵기도로 시작하겠습니다.

Lectio 읽기, "편견 없이 말씀을 읽고 들어라. 단 한 번으로!"

침묵기도를 하셨다면 이제 본문을 읽으십시오. 본문은 마태복음 1장 1-17절입니다. 듣겠다는 생각으로 말씀을 읽으십시오. 읽을 때 특별히 주시는 구절을 찾을 수도 있지만, 족보나 율법서에서는 전체가 말하고 있는 중심 주제와 의도를 찾는 것이 매우 중요합니다.

1아브라함과 다윗의 자손 예수 그리스도의 계보라 2아브라함이 이삭을 낳고 이삭은 야곱을 낳고 야곱은 유다와 그의 형제들을 낳고 3유다는 다말에게서 베레스와 세라를 낳고 베레스는 헤스론을 낳고 헤스론은 람을 낳고 4람은 아미나답을 낳고 아미나답은 나손을 낳고 나손은 살몬을 낳고 5살몬은 라합에게서 보아스를 낳고 보아스는 룻에게서 오벳을 낳고 오벳은 이새를 낳고 6이새는 다윗 왕을 낳으니라 다윗은 우리야의 아내에게서 솔로몬을 낳고 7솔로몬은 르호보암을 낳고 르호보암은 아비야를 낳고 아비야는 아사를 낳고 8아사는 여호사밧을 낳고 여호사밧은 요람을 낳고 요람은 웃시야를 낳고 9웃시야는 요담을 낳고 요담은 아하스를 낳고 아하스는 히스기야를 낳고 10히스기야는 므낫세를 낳고 므낫세는 아몬을 낳고 아몬은 요시야를 낳고 11바벨론으로 사로잡혀 갈 때에 요시야는 여고냐와 그의 형제들을 낳으니라 12바벨론으로 사로잡혀 간 후에 여고냐는 스알디엘을 낳고 스알디엘은 스룹바벨을 낳고 13스룹바벨은 아비훗을 낳고 아비훗은 엘리아김을 낳고 엘리아김은 아소르를 낳고 14아소르는 사독을 낳고 사독은 아킴을 낳고 아킴은 엘리웃을 낳고 15엘리웃은 엘르아살을 낳고 엘르아살은 맛단을 낳고 맛단은 야곱을 낳고 16야곱은 마리아의 남편 요셉을 낳았으니 마리아에게서 그리스도라 칭하는 예수가 나시니라 17그런즉 모든 대 수가 아브라함부터 다윗까지 열네 대요 다윗부터 바벨론으로 사로잡혀 갈 때까지 열네 대요 바벨론으로 사로잡혀 간 후부터 그리스도까지 열네 대더라 _마 1:1-17

이 말씀을 읽을 때 하나님이 감동을 주신 말씀은 어느 구절입니까?

_____

_____

_____

_____

혹은 이런 질문을 던지십시오.

"본문 전체에서 흐르고 있는 주제가 무엇입니까?"

_____

_____

_____

_____

만약 이 족보를 읽을 때 유심히 이름들을 생각하면서 읽었다면 족보에 들어가지 않아야 할 사람들의 이름이 보였을 것입니다. 바로 다말(3), 라합, 룻(5), 우리야의 아내(6), 마리아(16)입니다. 이 기록이 이상한 이유는 다섯 명이 모두 여자이기 때문입니다. 유대인의 족보는 남성 중심이기에 이상한 일이 아닐 수 없습니다. 그렇다면 이들이 매우 특별하게 존중되어야 할 존재들이기 때문입니까? 그렇지 않습니다. 이들에 대해 간단히 프로필을 소개하겠습니다.

- 다말 : 유다의 며느리, 아이를 낳기 위해 창녀로 가장하여 시아버지 유다와 동침하여 베레스와 세라를 낳음(창 38:14-18).
- 라합 : 이스라엘 정탐꾼들을 숨겨주고 살아남은 여리고성의 기생 (수2장)
- 룻 : 모압 여인으로 과부(룻 1:4-5).
- 우리야의 아내 : 밧세바, (이유야 어떻든) 다윗과 간통한 여자(삼하 11장).

Meditatio 묵상, "주신 말씀을 반복하여 읽고 하루 종일 묵상하라."

이 같은 족보와 율법을 묵상할 때 핵심은 '의도'입니다. 이를 알기 위해 가능한 많은 질문들을 던질 필요가 있습니다. 예를 들면 이런 질문입니다.

"왜 족보에 여자들이 들어 있을까?"
"일반적인 족보에는 위대한 일을 한 사람들 중심으로 기록되는데, 그것도 여자이고 또한 대단히 위대한 일을 한 여성들도 아닌데 왜 기록된 것인가?"

더 깊은 묵상을 위해 자신만의 질문들을 적어보십시오.

이 묵상을 통하여 무엇을 깨달으셨습니까?

여기까지 잘 하였다면 이후로는 나머지 방법을 사용해서 큐티를
계속 진행하시면 됩니다.

Oratio 기도, "하나님의 속삭임에 반응하라."
말씀을 묵상하면서 주신 깨달음에 대한 나의 대답이 기도입니다.
그 기도들을 적어보십시오.

Contemplatio 쉼, "하나님 안에서 무가치함을 발견하라."

묵상과 기도 후에 잠잠함으로 하나님이 주시는 쉼을 가지십시오.

_____

_____

_____

_____

Praxio 실천, "들었으면 행동하라."

무엇을 실천하고 싶은 마음이 들었습니까? 그것을 적어보십시오.

_____

_____

_____

_____

4
PART

큐티의 깊이

제16일
적극적인 큐티

지금까지 각 성경의 장르를 알고서 큐티를 하는 것이 얼마나 중요한 지를 공부하였습니다. 수고하셨습니다. 이제부터 큐티를 한 단계 업그레이드시키려고 합니다. 적극적인 큐티입니다.

적극적인 큐티

사실 큐티를 계속 하다보면 갈증이 느껴집니다. 무엇인가 막힌 듯한 느낌 같은 것일 수 있습니다. 가끔은 시끄러운 소리가 들릴 수도 있습니다. 의심스러운 질문 같은 것들입니다.

요즈음 거의 대부분 차량의 변속기가 자동이어서 잘 모르겠지만,

수동 변속 차량들은 적절한 속도에 이르면 손으로 변속을 해주어야 합니다. 예를 들어 1단 기어는 출발에 필요하고, 2단 기어는 30-40km까지, 3단 기어는 60km까지, 60km를 넘으면 4단 기어로 변속해주어야 합니다. 그런데 만일 적절한 시기에 변속해주지 않고 그냥 속도를 높이려고 액셀러레이터만 밟으면 시끄러운 소리와 함께 엔진에 무리를 일으킬 뿐 아니라 속도도 낼 수 없게 됩니다.

큐티도 이와 유사합니다. 큐티를 시작하고 매일 말씀을 묵상하면서 우리가 성장하는 것처럼 보입니다. 좋습니다. 그런데 어느 시점부터인가 힘들어지고 시끄러워지고 지루해집니다. 당연한 현상입니다. 이미 출발 단계인 1단 속도를 넘어 2단 혹은 3단 속도로 이어지는 가속 주행의 단계는 성공하였기 때문입니다. 이제부터는 4단 기어 이상으로 변속하여 달리는 일이 남아 있습니다. 그런데 여전히 3단으로 달립니다. 그래서 그런 잡음과 혼란이 오는 것입니다. 이 문제를 해결하는 방법은 간단합니다. 주행 단계인 4단으로 올리는 것입니다.

이제 우리 큐티 역시 단계를 올릴 상황에 이르렀습니다. 그렇다면 어떻게 해야 합니까? 이미 고속도로에 들어서서 주행 단계인 4단 이상의 기어로 올려야 하는 것처럼, 우리의 큐티 역시 그렇게 진전되어야 합니다.

먼저 침묵기도-렉시오-메디타치오-오라치오-컨템플라치오-프락시오로 나아가는 단계가 수동기어 변속처럼 매우 자연스러워야 합니다. 이것을 아직도 고민하고 있다면 적극적인 큐티로 나아갈 수 없습니다. 이런 과정들은 고민할 것 없이 매우 자연스럽게 진행되어야 합니다. 그런데 아직도 자연스럽지 못하고 매일 고민하고 있을 뿐만 아니라 한참 동안이나 쉬는 것을 반복하거나 간헐적으로 진행하고 있다면 더 진전되는 것은 불가능합니다. 이런 상황이 반복되면 분명히 무엇인가 훈련은 마친 것 같은데 전혀 효과가 없는 상태로 남을 것입니다.

물음 : 나는 지금 어떤 상태에 있습니까?

_____

_____

_____

_____

덜 말하고 줄이고 버리고

보통 행복지수를 말할 때 국민소득이 높은 우리나라 같은 곳보다 가난하고 힘들게 살고 있는 동남아시아 혹은 아프리카의 가난한 나라들이 우리보다 훨씬 행복지수가 높다고 합니다. 이상하게 보일지 몰라도 사실입니다. 통계 방법이 잘못된 것이 아니냐고 말할지 모르지만, 행복은 "우리가 갈망하는 욕구와 그 욕구의 성취와의 관계에서 결정되는 정서적 만족도"이기 때문입니다. 즉, 우리가 원하는 것이 100이라 가정할 때 우리가 가지고 있는 것 혹은 성취한 것이 70이라면 우리의 행복지수는 70이 되기 때문입니다. 그러므로 행복지수를 높이는 방법은 간단합니다. 내가 가지고 있는 욕구를 줄이는 것입니다.

우리가 깊이 있는 영성을 얻는 큐티로 나아가지 못하는 치명적인 이유는 너무 많은 생각을 하고, 너무 많은 것을 누리고 있고, 너무 많은 것을 추구하고 있기 때문입니다. 그런 의미에서 침묵기도는 우리의 욕구를 줄이는 역할을 하기에 '위대한 침묵'이 되는 것입니다.

그러므로 적극적인 큐티로 나아가기 위해 필요한 것은 무엇보다 먼저 줄이는 것입니다. 버리는 것입니다. 덜 말하는 것입니다. 영적인 노력에 열심을 기울이는 것은 결국 큐티를 열심히 하는 것과 함께 줄이는 것과 같음을 알게 됩니다.

① 확보 : 피곤한 상태에서 큐티를 하기보다, 마치 시험 보기 전날에 충분히 휴식을 취하는 것처럼 큐티를 위한 시간을 미리 확보하고 준비하십시오.

물음 : 어떻게 큐티 시간을 확보하려 하십니까? 계획을 적어보십시오.

_____

_____

_____

_____

_____

② 통제 : 내 안으로 들어온 인풋(input)의 내용들을 통제하여 걸러내는 것이 필요합니다. 특히 우리의 육체에 자극적으로 선명한 영향을 줘서 마음에까지 자극이 오는 영상, 드라마, 코미디, 오락 등을 보고 즐기는 횟수를 통제할 필요가 있습니다.

물음 : 그동안 무의식적이나 습관적으로 보고 즐기던 방법을 개선할 계획을 적어보십시오.

_____

_____

_____

_____

_____

③ 좋은 환경 : 큐티를 할 수 있는 환경을 추구해야 합니다. 가끔 공부하기 싫을 때 유사한 영역의 재미있는 책을 읽으면서 해야 할 공부에 접근하는 경우를 봅니다. 이처럼 영성생활을 돕는 많은 기회들을 놓치지 말고 가져야 합니다. 예배, 말씀, 경건한 독서, 크리스천끼리의 나눔, 성경공부 등입니다.

물음 : 큐티가 잘 진행될 수 있도록 나의 주변 환경은 준비되어 있습니까? 어떤 노력을 기울이고자 하십니까?

_____

_____

_____

_____

④ 언어 조절 : 말을 줄여야 합니다. 자신이 하고 있는 대화를 의식하고 말의 양을 줄이고 가능한 생각하면서 말을 하도록 하십시오.

물음 : 지금 말하고 있는 말의 양을 줄여보십시오. 모든 삶 속에서 의도적으로 말을 멈추고 침묵을 시도해보십시오. 예를 들어 오늘 일정한 시간(한 시간)을 정해놓고 침묵하기를 결정해보십시오. 언제 침묵하시겠습니까?

_____

_____

_____

_____

_____

큐티 수련

큐티 수련을 위한 말씀은 로마서 12장의 말씀입니다. 먼저 침묵기도로 들어가십시오. 편하게 하십시오. 시간은 5분 이상 자유롭게 정하십시오. 그러나 반드시 하십시오.

Centering Prayer 침묵기도, "침묵으로 마음을 새롭게 하라."

말씀을 읽고 묵상하기 전에 먼저 하나님의 말씀을 듣기 위하여 침묵기도로 시작하겠습니다.

Lectio 읽기, "편견없이 말씀을 읽고 들어라. 단 한 번으로!"

침묵기도를 하셨다면 이제 본문을 읽으십시오. 본문은 로마서 12장 1-2절입니다. 듣겠다는 생각으로 말씀을 읽으십시오.

¹그러므로 형제들아 내가 하나님의 모든 자비하심으로 너희를 권하노니 너희 몸을 하나님이 기뻐하시는 거룩한 산 제물로 드리라 이는 너희가 드릴 영적 예배니라 ²너희는 이 세대를 본받지 말고 오직 마음을 새롭게 함으로 변화를 받아 하나님의 선하시고 기뻐하시고 온전하신 뜻이 무엇인지 분별하도록 하라 _롬 12:1-2

이 말씀을 읽을 때 감동을 받은 구절은 무엇입니까?

Meditatio 묵상하기, "주신 말씀을 반복하여 읽고 하루 종일 묵상하라."

하루 종일 묵상할 때, 오늘 말씀이 나에게 분명하게 주시는 말씀의 내용은 무엇입니까?

Oratio 기도, "하나님의 속삭임에 반응하라."

주신 말씀을 깊이 묵상할 때 듣게 된 하나님의 말씀 앞에서 당신은 무엇이라고 기도하게 됩니까?

Contemplatio 쉼, "하나님 안에서 무가치함을 발견하라."

말씀을 통한 하나님과의 깊은 만남 속에서 당신이 누렸던 '쉼'은 어떤 것이었습니까? 자유롭게 적어보십시오.

Praxio 실천, "들었으면 행동하라."

하나님과의 일치를 경험하였다면 당신은 주를 위해 행동하고 싶을 것입니다. 무엇을 하기로 결정하셨습니까?

제17일

즐거운 큐티

우리가 수도자의 큐티를 수련해온 지 오늘이 17일째입니다. 그동안 큐티를 해오면서 힘들었던 것은 무엇입니까? 대부분의 사람들은 '게으름'이라고 고백합니다. 당신도 그렇게 생각하십니까? O 혹은 X로 표명해주십시오.

네, 게으름이 문제였습니다. (　　　)

정말 게으름이 문제였습니까? 조금만 깊이 생각해보면 당신은 절대로 게으르지 않았다는 것을 발견할 것입니다. 어떤 형태이든지 간에 당신은 쉬지 않았습니다. 계속해서 일을 하고 있었습니다. 여기서 말하는 '일'을 회사에서 근무하고 학교에서 공부하는 것으로만 규정하지 말고, 무엇이든지 바쁘게, 분주하게 활동하는 것을 '일'로 규정한다면 분명 바쁜 삶을 살았습니다.

누군가를 만나고, 수다를 떨고, 영화를 보고, TV를 보고, 어디를 가고, 무엇을 사고, 생각하고, 쉼 없이 인터넷을 서핑하고…. 우리는 바쁘게 행동하고 있었습니다.

좀더 적극적으로 말해서, 하루 종일 아무 것도 하지 않고(스마트폰도 사용하지 않고), 아무 말도 하지 않고, 아무 생각도 하지 않고, 죽은 것처럼 집안 방바닥에 누워만 있었습니까? 만약 그랬다면 진정 게으른 사람입니다. 하지만 그렇지 않았을 것입니다. 무척이나 바빴을 것입니다. 당신은 잠시도 가만히 있지 않았을 것입니다.

그런 의미에서 당신이 큐티를 잘 하지 못하였다면 게을렀던 것이 아니라 너무 바빴기 때문입니다. 그렇지 않습니까? 동의하십니까? O 혹은 X로 표명해주십시오.

네, 나의 삶은 너무 바쁩니다. (   )

아마 놀랐을 것입니다. 우리의 삶은 놀랍게도 바쁘면서도 게으름이 지배하고 있습니다. 게으르다는 것은 나에 대한 나 자신의 평가입니다. 하지만 실제 우리는 바쁩니다. 그러니까 바쁘면서도 게으르다고 스스로 말하는 것입니다.

일 중독적 존재

우리는 무엇이든지 일을 해야 안심이 됩니다. 그것이 우리의 본질입니다. 이것이 우리의 모습인 이유는 우리가 타락한 존재이기 때문입니다. 사실 타락의 결과물이 노동이었습니다. 일을 해야 했습니다. 그래야 살 수 있었습니다.

> 아담에게 이르시되 네가 네 아내의 말을 듣고 내가 네게 먹지 말라 한 나무의 열매를 먹었은즉 땅은 너로 말미암아 저주를 받고 너는 네 평생에 수고하여야 그 소산을 먹으리라 _창 3:17

우리도 모르는 사이에 일 중독에 빠지는 이유는 타락한 영성의 결과입니다. 우리는 무엇이든지 일을 해야 살 수 있을 것이라고 생각합니다. 그래서 우리는 어떤 일이든지 하고 있습니다. 절대로 쉴 수가 없습니다. 잠시라도 쉬지 않고 무엇을 해야 안심이 됩니다. 그로 인해 나타나는 것들이 이런 것들입니다.

진단 질문 : 나는 어떠한지 X표를 해보십시오.

● 집에 들어오는 순간 TV를 켠다. (   )

● TV를 켜는 동시에 인터넷에 접속한다. (   )

● 틈만 생기면 습관적으로 스마트폰을 들여다본다. (   )

● 침묵은 잠시도 참을 수 없다. (   )

● 아무 것도 하지 않고, 심지어 TV도 켜지 않은 채 가만히 있는 것은 불안하다. ( )

● 밥 먹는 것조차 전념하지 못한다. ( )

● 내가 숨 쉬는 것 자체를 깊게 묵상하며 호흡한 적이 없다. ( )

● 목적을 갖지 않고 걸어본 적이 없다. ( )

● 경영, 처세, 성공 등의 인스턴트 정보를 주는 책이 아니라, 정신과 마음을 다루는 듯한 지루한 책을 읽어본 적이 지난 1년 동안 없다. ( )

● 언제나 나의 삶은 달리고 달리고 또 달리는 기분이다. ( )

X표가 몇 개가 나왔습니까?

● 10-8개 : 매우 심각합니다. 당신이 살고 있지 않습니다.

● 7-5개 : 심각합니다. 가끔 당신 자신을 생각하지만 당신은 점차 사라지고 없어지는 과정에 있습니다.

● 3-4개 : 주의 깊게 자신을 돌아보시고 당신 자신을 지키십시오.

● 1-2개 : 안심할 수 없습니다.

● 0개 : 이 모습이 하나님의 온전한 통치를 받는 사람입니다.

우리 자신을 방치하면 우리는 언제나 노동하는 자신을 보게 됩니다.

"우리의 타락한 본성은 노동을 원하기 때문이다."

그래서 어떤 종류든지 일에 빠지는 것입니다. 그리고 그 일은 언제나 우리를 지치게 만듭니다.

큐티도 그렇습니다. 큐티가 힘들고 어려워진 이유는 어느 순간부터인가 큐티가 '일'이 되었기 때문입니다. 그동안 세상에서 살면서 일에 지쳤는데, 또 다른 일을 하게 된 것입니다. 그래서 처음에는 선한 노동처럼 보여 열심을 냈지만, 어느 사이엔가 큐티도 단순한 노동, 일이 되고 만 것입니다. 더욱이 큐티가 단순한 노동이 되고만 가장 큰 이유는 하나님을 만나지 못했기 때문입니다. 큐티가 하나님을 만나는 것이 아니라 단순한 숙제 혹은 부담감으로 작용했기 때문입니다.

즐겁게 큐티를 하십시오

다시 처음으로 돌아가서, 모든 욕심을 버리고 즐거운 큐티를 시도하십시오. 쉬운 문제를 풀듯이 즐겁고 행복하게 큐티를 해야 합니다. 이미 부담스러워진 부분들이 있다면 하나씩 제거하고 가장 쉬운 것부터 시작해보십시오.

이를 위해 다음의 물음들에 대답을 해보십시오. 만일 O표를 하게 되면 그 부분을 잠시 동안 내려놓아도 좋습니다. 자, 시작하겠습니다.

① 프락시오가 부담스럽습니다. 큐티의 끝 부분에서 의도적으로 프락시오는 피하게 됩니다. ( )
- 만일 O표를 하셨으면 부담 갖지 마십시오. 큐티 책에 프락시오 란이 없다고 생각하십시오.

② 컨템플라치오가 잘 안 됩니다. ( ) 아직 무슨 말인지 잘 이해가 안 됩니다. ( )
- 만일 O표를 하셨으면 부담 갖지 마십시오. 큐티 책에 있는 컨템플라치오 란을 무시하십시오.

③ 오라치오가 안 됩니다. 기도할 제목이 떠오르지 않는데, 기도하려니 부담스럽습니다. ( )
- 만일 O표를 하셨으면 아예 처음부터 큐티를 배우셔야 합니다.

④ 침묵기도가 힘듭니다. ( )
- 만일 O표를 하셨으면 침묵기도 시간을 줄여보십시오. 10분, 20분은커녕 5분도 부담스러우면 3분만이라도 하십시오. 그렇게 라도 유지하는 것이 중요합니다.

⑤ 메디타치오가 안 됩니다. 쪽지 수행조차 부담이 됩니다. ( )
- 만일 이 항목에 O표를 하셨다면 당신은 큐티를 하고 있는 것이 전혀 아닙니다. 이것은 더 이상 양보할 수 없는 지점입니다. 아

예 처음으로 돌아가서 초보적인 큐티 공부와 훈련부터 다시 시작하는 것이 좋을 것입니다.

다시 시작하는 큐티

당신에게 어느 지점이 힘든 부분인지 저는 알 수 없습니다. 하지만 한 가지 분명한 것은 즐거운 큐티를 택할 필요가 있습니다. 중요한 것은 계속하는 것이기 때문입니다. 당신의 큐티가 아직 초기 단계라 할지라도 끊임없이 큐티를 하는 것이 중요합니다. 그러므로 기본 방식을 유지할 수만 있다면 괜찮습니다.

● 침묵기도 : 단 5분이라도 좋다.
● 렉시오, 읽기 : 듣기 위해서 읽으며 주시는 음성을 듣는다.
● 메디타치오, 묵상 : 쪽지에 써서 가능한 대로 묵상한다.

"자신이 즐겁게 할 만한 분량으로 낮춰서 다시 시작하십시오!"

큐티 수련

오늘 큐티 수련을 위한 말씀은 시편 23편 말씀입니다.

먼저 침묵기도로 들어가십시오. 침묵기도 역시 시간에 구애받지 말고 자유롭게 하십시오. 몇 분이라도 상관없습니다. 일단 침묵하는 시간만 가지십시오.

침묵기도를 하셨다면 이제 본문을 듣겠다는 생각으로 읽으십시오

¹여호와는 나의 목자시니 내게 부족함이 없으리로다 ²그가 나를 푸른 풀밭에 누이시며 쉴 만한 물 가로 인도하시는도다 ³내 영혼을 소생시키시고 자기 이름을 위하여 의의 길로 인도하시는도다 ⁴내가 사망의 음침한 골짜기로 다닐지라도 해를 두려워하지 않을 것은 주께서 나와 함께 하심이라 주의 지팡이와 막대기가 나를 안위하시나이다 ⁵주께서 내 원수의 목전에서 내게 상을 차려 주시고 기름을 내 머리에 부으셨으니 내 잔이 넘치나이다 ⁶내 평생에 선하심과 인자하심이 반드시 나를 따르리니 내가 여호와의 집에 영원히 살리로다 _시 23:1-6

이 말씀을 읽을 때 감동을 주신 말씀은 어느 구절입니까?

_____

_____

_____

Meditatio 묵상하기. "주신 말씀을 반복하여 읽고 하루 종일 묵상하라."

하루 종일 묵상할 때, 오늘 말씀이 나에게 분명하게 주시는 말씀의 내용은 무엇입니까?

이 다음 부분은 자유롭게 하십시오. 즐거운 마음으로 이어서 하면 좋고, 그렇지 못하더라도 염려하지 마십시오.

Oratio 기도. "하나님의 속삭임에 반응하라."

주신 말씀을 깊이 묵상할 때 듣게 된 하나님의 말씀 앞에서 당신은 무엇이라고 기도하게 되십니까?

Contemplatio 쉼. "하나님 안에서 무가치함을 발견하라."

말씀을 통한 하나님과의 깊은 만남 속에서 당신이 누렸던 '쉼'은 어떤 것이었습니까? 자유롭게 적어보십시오.

_____

_____

_____

_____

_____

Praxio 실천, "들었으면 행동하라."

하나님과의 일치를 경험하였다면 당신은 주를 위해 행동하고 싶을 것입니다. 무엇을 하기로 결정하셨습니까?

_____

_____

_____

_____

_____

제18일

하루 동안의 큐티를 마칠 때

만일 큐티가 지루해지고 힘들어지면 다시 처음으로 돌아가야 할 처지가 될 수도 있습니다. 왜 이런 현상이 벌어지는 것입니까? 그것은 큐티가 분명히 외로운 사역이기 때문입니다. 더욱이 하나님과의 깊은 교제가 이루어지지 않고, 가끔 욥이 고백한 것처럼 하나님이 멀리 떨어져 있는 것처럼 느껴질 때는 더욱 그렇습니다. 왜 그런 것입니까? 우리가 아무리 하나님과 깊은 교제를 나누더라도 우리가 하나님과 완전히 하나가 되는 경험이 이루어지지 않기 때문입니다. 무엇인가 부족하다는 말입니다.

그렇다면 우리를 향한 하나님의 사랑이 부족한 것입니까? 그렇지 않습니다. 오히려 우리가 온전히 하나님을 사랑하는 것이 모자라기 때문입니다. 그것은 우리의 타락한 영성과 관계가 있습니다. 즉,

우리가 사랑은 하지만 그 안에는 의심과 질투 그리고 확인하고 싶은 불안감이 존재해서 그렇습니다. 그래서 우리는 하나님을 완전히 알지 못합니다. 우리의 부족함 때문입니다.

요한은 이 사실을 잘 알았던 것으로 보입니다. 요한은 그 문제를 해결하는 방법을 경험적으로 깨달았던 것 같습니다. 요한의 권면입니다.

> 7사랑하는 자들아 우리가 서로 사랑하자 사랑은 하나님께 속한 것이니 사랑하는 자마다 하나님으로부터 나서 하나님을 알고 8사랑하지 아니하는 자는 하나님을 알지 못하나니 이는 하나님은 사랑이심이라 _요일 4:7-8

놀랍게도 우리가 하나님을 더욱 깊이 알고 하나님을 진정 사랑할 수 있는 방법이 다른 사람을 사랑함에서 시작된다는 것입니다. "그러므로 다른 사람을 사랑하지 못하는 자는 하나님을 알 수 없다!" 요한은 이 말을 하고 있는 것입니다.

이 같은 요한의 이야기가 걱정스러울 수 있습니다. 실제로 우리는 다른 사람을 사랑하는 일이 너무 서툴 뿐 아니라 사랑하기가 힘들기 때문입니다. 하지만 본문 말씀을 자세히 읽어보면 성경은 "다른 사람을 사랑하는 것"이라고 말하지 않고 "우리가 서로 사랑하자"고 말씀하였습니다. 당연히 '우리'는 가족이라는 이름으로, 공동체 혹은 교회의 이름으로 묶인 사람들을 말합니다. 우리가 할 수 있는, 가능한 사랑임을 알 수 있습니다.

왜 사랑입니까? 왜 사랑해야 우리가 하나님을 더 깊이 알 수 있는 것입니까? 요한은 그 이유를 간단히 "하나님은 사랑이시기 때문"이라고 대답했습니다. 그러니까 우리도 사랑해야만 하나님을 온전히 알 수 있는 것입니다. 이제 이런 질문들을 던져보십시오.

우리가 하나님을 깊이 알지 못하는 이유는?
말씀의 깊은 큐티가 이루어지지 않는 이유는?
컨템플라치오까지 하나님과의 합일이 이루어지지 않는 이유는?
프락시오로 진행되지 않는 이유는?

사랑의 부족이 이 질문들의 이유임을 요한은 지적하고 있는 것입니다. 뿐만 아니라, 우리가 사랑할 때 하나님이 우리 안에 온전히 내주하신다고 요한은 말합니다.

어느 누구도 여태까지 하나님을 본 적이 없습니다. 그러나 우리가 서로서로 사랑하면, 하나님께서 우리 안에 거하십니다. 우리가 서로 사랑할 때, 하나님의 사랑은 우리 안에서 완전해질 것입니다.

_요일 4:12, 쉬운성경

나눔의 자리

큐티의 완성은 컨템플라치오, 곧 하나님과 일치함으로 그 안에서 쉼을 누리게 되고, 그분 안에서 그분의 뜻을 실행하는 프락시오에 이르는 것입니다. 여기서 프락시오의 표출은 당연히 '사랑'일 수밖에 없습니다. 하나님의 뜻을 안 상태에서 나온 프락시오이기 때문입니다.

그렇다면 그 사랑의 첫 시작은 무엇입니까? 물론 하나님의 사랑에 대한 표현입니다. 나와 함께 일하신 하나님에 대한 고백과 자랑이 그 시작일 수밖에 없습니다. 이어지는 사랑의 두 번째 표현은 형제와 자매 사이에서 시작되는 타자를 향한 사랑입니다.

여기가 프락시오 안에 있는 나눔(sharing)의 자리입니다. 물론 나눔에 구체적인 행동이 수반되어야 온전한 프락시오임이 틀림이 없습니다. 하지만 입과 마음으로 나누는 나눔이 프락시오의 시작입니다. 그것이 하나님에게 감사하고 기뻐하고 찬양하고 즐거워하는 것이라면, 사람에 대해서는 격려하고 축복하고 사랑하고 지지하는 것을 말합니다.

그러므로 큐티를 마치면서 정리할 것이 있습니다. '영성일기'입니다. 큐티를 하면서 주셨던 깨달음과 경험들을 구체적으로 적는 것입니다. 그리고 다른 이들과, 공동체와 그것을 나누는 시간을 가질 때 큐티는 완성됩니다.

하나님을 향하여 : 감사하고, 기뻐하고, 찬양하고 즐거워할 것들을 적
어보고 입으로 그분께 말씀하십시오. 어떤 것이 있습니까?

타인를 향하여 : 격려하고 축복하고 사랑하고 지지하는 것들을 적어보
시고 직접 그 사람에게 말하십시오. 어떤 것이 있습니까? 가능
하면 매일 하루를 마무리하면서, 문자 혹은 메일로 최소한 한
사람에게 격려, 축복, 사랑, 지지의 메시지를 보내십시오. 오늘
은 누구에게 하겠습니까?

공동체와 함께 : 이 같이 하나님과 함께 했던 것들과 타인과 나누고 싶
던 것들을 나눌 기회가 생기는 '밥집'(꿈이있는교회의 큐티 나눔
소그룹의 이름)이나 기타 소그룹 모임에 적극적으로 참여하여

고백하십시오. 나눌 준비가 되셨습니까?

_____

_____

_____

_____

큐티 수련

큐티 수련을 위한 오늘의 말씀은 요한일서 4장 7-12절입니다.

주의 : 수도자의 큐티를 수련하는 동안 이 책에서 제시하는 '말씀을 나
누는 일'은 오늘이 마지막입니다. 이 수련이 끝난 후부터는 자신
이 속한 공동체가 쓰는 큐티 책을 사용하시기 바랍니다.

Centering Prayer 침묵기도, "침묵으로 마음을 새롭게 하라."
이제 침묵기도로 들어가십시오.

Lectio 읽기, "편견 없이 말씀을 읽고 들어라. 단 한 번으로!"
침묵기도를 하셨다면, 이제 본문을 읽으십시오. 듣겠다는 생각으
로 말씀에 집중하여 읽으십시오.

7사랑하는 자들아 우리가 서로 사랑하자 사랑은 하나님께 속한 것이니 사랑하는 자마다 하나님으로부터 나서 하나님을 알고 **8**사랑하지 아니하는 자는 하나님을 알지 못하나니 이는 하나님은 사랑이심이라 **9**하나님의 사랑이 우리에게 이렇게 나타난 바 되었으니 하나님이 자기의 독생자를 세상에 보내심은 그로 말미암아 우리를 살리려 하심이라 **10**사랑은 여기 있으니 우리가 하나님을 사랑한 것이 아니요 하나님이 우리를 사랑하사 우리 죄를 속하기 위하여 화목제물로 그 아들을 보내셨음이라 **11**사랑하는 자들아 하나님이 이같이 우리를 사랑하셨은즉 우리도 서로 사랑하는 것이 마땅하도다 **12**어느 때나 하나님을 본 사람이 없으되 만일 우리가 서로 사랑하면 하나님이 우리 안에 거하시고 그의 사랑이 우리 안에 온전히 이루어지느니라 _요일 4:7-12

오늘 나에게 주신 말씀은 무엇입니까?

Meditatio 묵상하기, "주신 말씀을 반복하여 읽고 하루 종일 묵상하라."

하루 종일 묵상할 때, 오늘의 말씀이 나에게 분명하게 주시는 말씀의 내용은 무엇입니까?

_____

_____

_____

_____

Oratio 기도, "하나님의 속삭임에 반응하라."

말씀을 묵상하면서 주신 깨달음에 대한 나의 대답이 기도입니다. 그 기도를 적어보십시오.

_____

_____

_____

_____

Contemplatio 관상, 쉼, "하나님 안에서 무가치함을 발견하라."

말씀을 통한 하나님과의 깊은 만남 속에서 자신이 누렸던 '쉼'은 무엇이었습니까? 적어보십시오.

_____

_____

_____

_____

_____

Praxio 실천, "들었으면 행동하라."

하나님과의 일치를 경험하였다면 당신은 주를 위해 행동하고 싶을 것입니다. 무엇을 하기로 결정하셨습니까?

_____

_____

_____

_____

_____

제19일

내일 큐티를
오늘 하십시오

어떤 포도원을 경영하는 주인이 일꾼이 필요한 시기가 되어서 날마다 일용직 일꾼을 써야 했습니다. 아마 포도를 수확할 때였던 것으로 보입니다. 주인은 이른 아침에 시장에 나가 일꾼들을 모집하고 데려다 일을 하게 하였습니다. 하루 품삯은 한 데나리온으로 정했습니다.

일꾼들에게 일을 시키다가 제3시, 곧 아침 9시에 시장에 다시 갔더니 여전히 놀고 있는 사람들이 있어서 그들도 데려다가 일꾼으로 썼습니다. 그렇게 제6시, 곧 12시에도, 제9시, 곧 오후 3시에도 사람을 데려다 썼습니다. 그리고 모든 일이 마치기 한 시간 전인 제11시, 그러니까 오후 5시에도 시장에서 사람들을 데려다 일하게 하였습니다. 오후 6시에 모든 일을 마쳤으니 그들은 한 시간 정도밖에 일하지 않았습니다. 그런데 주인은 모두에게 한 데나리온씩 주었습니다. 이것이 이른 아침부터 온 사람들에게 큰 불만의 이유가 되었습니다.

오늘의 완성

이른 아침이라면 몇 시쯤 되었을까요? 이스라엘에서 포도 수확철은 현대의 달력으로 7-8월입니다. 이때 일출 시간이 7월은 5시 40분경이고 8월은 5시 55분경이니까, 이른 아침이라면 빠르면 6시에서 7시 사이라고 볼 수 있습니다. 그렇다면 이른 아침부터 일한 사람은 7시부터로 계산하더라도 7시에서 오후 6시까지 식사시간을 포함해서 거의 11시간이나 일했다고 볼 수 있습니다.

그런 까닭에 고작 한 시간 일한 자들은 분명히 온전한 하루 품삯을 기대하지 않았을 것입니다. 그런데 주인이 한 데나리온을 품삯으로 준 것입니다. 그것은 일찍 온 다른 사람들의 항의를 받았던 것에서 알 수 있듯이 아무도 예상하지 못한 의외의 결정이었습니다. 그 순간 그들의 내일이 갑자기 장밋빛으로 바뀝니다.

만일 그들이 그날 품삯으로 내일 먹고 사는 일일 노동자였다면, 그들에게 내일은 없었습니다. 매일 내일은 무엇을 먹을지 걱정하며 잠을 청해야 했을 것입니다. 그런데 전혀 기대하지 않았던 품삯을 받는 순간, "내일 무엇을 먹을까?"를 걱정하는 대신 당장 "무엇을 할 수 있을까?"를 계획할 수 있게 되었습니다. 그 일꾼은 오늘을 잘 마무리한 것입니다. 오늘의 완성이 된 것입니다.

내일의 기대

주님이 말씀하신 이 비유를 통하여 매우 중요한 삶의 방법을 찾을 수 있는데, 바로 내일을 사는 방법입니다. 좀더 살피기 위해서 먼저 유대인들의 시간 구분을 알 필요가 있습니다.

유대인들에게 하루는 저녁 6시부터 시작됩니다. 그들의 내일은 오늘 저녁부터 시작된다는 뜻입니다. 이 같은 개념은 하나님이 세상을 창조하실 때 드러난 시간 개념 때문입니다.

하나님이 빛을 낮이라 부르시고 어둠을 밤이라 부르시니라 저녁이 되고 아침이 되니 이는 첫째 날이니라 _창 1:5

창세기 기록에서 알 수 있듯이 하루의 시작은 저녁부터입니다. 사실 우리는 이 같은 하루에 대한 이해를 간과했습니다. 일반적으로 우리는 하루를 아침부터 시작합니다. 그런 까닭에 저녁과 밤이 되면 하루를 마감하는 데 집중합니다. 당연히 하루의 고생을 푼다고 생각하여 어떤 이들은 술을 즐기고 온갖 즐거움을 추구하고, 특히 어떤 크리스천들은 넋놓고 TV를 시청하거나 계획 없이 즐기다가 잠자리에 듭니다. 그리고 언제나 똑같이 어제 써버린 시간 때문에 준비되지 않은 아침을 만납니다. 그 아침이 허둥대는 모습으로 시작하는 것은 당연합니다.

사무엘하를 보면 이런 기록이 있습니다.

저녁 때에 다윗이 그의 침상에서 일어나 왕궁 옥상에서 거닐다가
_삼하 11:2

다윗이 잠자리에 들려고 하였는데, 아마 걱정이 되었던 것 같습니다. 다윗이 암몬 자손과 전쟁을 벌이고 요압을 대장으로 세워서 출정시킨 상태였기 때문입니다. 다윗은 전쟁터에 있던 평상시와 달리 예루살렘에 있었기에 불안했을지도 모릅니다. 그래서 잠자리에 들었다가 일어나 왕궁 옥상을 거닐었던 것입니다. 그런데 그곳에서 다윗은 한 여인이 목욕하는 것을 봅니다.

다윗은 더 이상 전쟁 계획에 대한 생각을 할 수 없었습니다. 그는 다른 계획에 빠져 들어갔습니다. 다윗은 그 여인을 부릅니다. 그런데 그 여인은 자신의 충성스러운 장수 우리아의 아내 밧세바였습니다. 다윗은 그녀와 하룻밤을 잡니다. 왕의 권세였습니다. 그것이 다윗의 비참한 삶을 이끄는 서곡이었습니다. 그 저녁에 결정한 계획이 다윗의 인생 전체를 결정하는 시작이었던 것입니다.

그렇다면 왜 다윗이 이런 실수를 범한 것입니까? 긴장을 내려놓았기 때문입니다. 아무런 준비 없이, 아무 생각도 없이 그 밤을 만났기 때문입니다. 그런데 그 저녁이 하루의 시작이었고 나머지 인생의

시작이었습니다.

새롭게 하루를 시작하기

오후 5시, 주님은 포도원 품꾼의 이야기를 통하여 우리에게 꼭 하고 싶은 말씀을 하고 계십니다. 바로 은혜입니다. 한 것이 없는데도 한 것처럼 대하시고 주시는 것입니다. 정확하게 말해서 한 것도 없는데 은혜를 누리는 것입니다. 새롭게 시작하라는 배려입니다. 이것이 예수 그리스도의 복음입니다. 저녁 5시, 분명 은혜의 시간입니다.

그러므로 이제부터 창세기의 세계관으로 하루를 디자인하기를 권합니다. 그것은 오늘 저녁을 하루의 시작으로 생각하고 계획하는 것입니다. 먼저 지난 하루를 의식적으로 마무리합니다. 그리고 저녁에 말씀을 묵상함으로 하루를 돌아보고 반성하며, 새로운 하루를 계획하고 잠자리에 드는 것입니다.

이것을 큐티에 적용하면 내일 날짜의 큐티를 오늘 저녁에 하는 것입니다. 우리가 비록 세상 시간의 질서로 살지만, 우리 신앙의 시간은 저녁을 새로운 하루의 시작으로 삼고 시작하는 것입니다.

이제 미리 내일 말씀을 묵상하고, 쪽지 수행을 위한 말씀을 미리 준비하고 쪽지에 써서 그 말씀을 묵상합니다. 그리고 그 말씀을 품고서 아침을 기다리며 기도로 잠자리에 듭니다. 그때 이 말씀을 기억하십시오.

사람이 마음으로 자기의 길을 계획할지라도 그의 걸음을 인도하시는 이는 여호와시니라 _잠 16:9

내일의 시작은 이미 오늘 저녁부터라고 생각하여 준비한다면 분명 다른 세상, 다른 시간을 만날 것입니다. 마치 내일 아침 처음 학교에 입학하는 초등학교 1학년 아이의 마음처럼 설렐 것입니다. 행복이 밀려올 것입니다. 오늘 저녁에 이미 내일 아침부터 주를 위해 살 것을 기대하고 계획했기 때문입니다. 주님 또한 모든 것을 인도하실 것이기 때문입니다.

큐티 수련

이제 큐티 책을 펴서 내일의 큐티를 미리 하십시오. 당연히 큐티를 하는 지금의 시간은 저녁 혹은 밤이어야 합니다. 이 저녁 혹은 밤이 새로운 하루의 시작이기 때문입니다. 몇 시에 하실 계획입니까?

저는 이 책에서 이제 더 이상 큐티 수련을 위한 성경말씀을 제시하지 않습니다. 이제부터는 각자 미리 정한 큐티 교재의 본문으로 큐티를 하십시오. 당신은 어떤 교재를 선택하였습니까?

_____

_____

_____

_____

_____

제20일
영적인 그리움

¹하나님, 당신은 나의 하나님, 물기 없이 메마른 땅덩이처럼 내 마음 당신 찾아 목이 마르고 이 육신 당신 그려 지쳤사옵니다. ²당신을 그리면서 성소에 왔사오며 당신의 힘, 당신의 영광을 뵈오려 합니다. ³당신의 사랑, 이 목숨보다 소중하기에 이 입술로 당신을 찬양하리이다… ⁶잠자리에 들어서도 당신 생각, 밤을 새워가며 당신 생각뿐, ⁷나를 도와주신 일 생각하면서 당신의 날개 그늘 아래에서 즐겁습니다. _시 63:1–3,6–7. 공동번역

당신이 그리워서

시편 63편은 다윗의 시입니다. 성경은 이 시의 배경을 다윗이 "유다 광야에 있을 때에"라고 기록하고 있는데, 일반적으로 "아들 압살롬의 반란을 피해 숨어있을 때"라는 의견에 동의합니다. 그래서 그 긴박함은 시의 뒷부분에서 충분히 상상할 수 있습니다.

> **9**나의 영혼을 찾아 멸하려 하는 그들은 땅 깊은 곳에 들어가며 **10**칼의 세력에 넘겨져 승냥이의 먹이가 되리이다 _시 63:9-10

그런데 이 시편의 내용은 자신을 구원해달라는 내용을 적고 있지 않습니다. 이 시에 드러나는 다윗의 마음은 간절함이 가득 찬 그리움입니다.

> 하나님, 당신은 나의 하나님, 물기 없이 메마른 땅덩이처럼 내 마음 당신 찾아 목이 마르고 이 육신 당신 그려 지쳤사옵니다.
> _시 63:1, 공동번역

타는 목마름 같은 그리움이 다윗을 지배하고 있었습니다. 자세히 보면 그 그리움을 짐작할 수 있는 구절이 나옵니다.

> 당신을 그리면서 성소에 왔사오며 당신의 힘, 당신의 영광을 뵈오

려 합니다. _시 63:2. 공동번역

이 시는 분명히 다윗이 압살롬을 피해 유다 광야에 있을 때 쓴 시입니다. 그런데 성소는 예루살렘에 있었습니다. 다윗은 예루살렘 성을 나와 있었기에 성소에 가는 것이 불가능하였습니다. 그렇다면 무슨 말입니까? 다윗이 밤중에 하나님이 그리워, 성소가 보이는 곳까지 찾아와 그리워하는 마음을 달래고 있었던 것입니다. 너무나 사무치는 그리움으로 가득 차서 말입니다.

여기에서 더욱 중요한 것은 다윗의 육신의 반응입니다. 다윗의 몸이 스스로 성소가 보이는 곳까지 온 것입니다. 단순히 영적인 몸부림이 아니라, 이미 육체까지 깊이 반응하고 간절히 사모하는 단계에 있는 다윗의 모습을 발견할 수 있습니다. 영과 혼과 육이 완벽하게 하나님을 그리워하는 단계입니다.

첫째 수련 질문 : 이토록 주님을 그리워해본 적이 있습니까? 있었다면 언제였는지, 그 그리움의 마음을 회상하며 적어보십시오.

_____

_____

_____

_____

_____

둘째 수련 질문 : 지금은 어떻습니까? 가장 최근에 경험했던 적이 있었습니까? 언제입니까?

_____

_____

_____

_____

_____

영적인 그리움

지금도 깊이 주님을 그리워하는 영적 갈망이 있다면 감사하십시오. 그런데 대부분의 경우 주님을 갈망하지만, 몸살 나도록 그립지는 않습니다. 왜 그런 것입니까? 주님을 경험하지 않은 것입니까? 그렇지 않습니다. 단지 아직도 뭔가 온전한 깨달음에 이르렀다고 말할 수 없을 뿐입니다.

제자들을 살펴보면 그것을 알 수 있습니다. 처음 제자들이 주님을 만났을 때 갈망한 것은 성령이 내주하는 경험 때문이었고, 가이사랴 빌립보에서 베드로가 한 고백은 하나님이 가르쳐주신 영적인 고백이었습니다. 베드로의 깊은 영이 반응하여 고백한 것입니다.

베드로는 분명 그것을 알고 있었습니다. 하지만 깨달았다고 말할 수는 없습니다. 마치 어떤 딸이 어머니의 사랑을 알고는 있었지만 그 사랑을 정말로 깨달았다고 말할 수 없는 것과 같습니다. 그렇게 살던 딸이 결혼했습니다. 행복하게 잘 살았습니다. 남편도 문제가 없었고 아들 딸 잘 낳고 시어머니의 사랑을 받으면서 친정어머니에 대해선 그만큼 소홀해졌습니다. 물론 늘 친정어머니의 사랑을 감사하면서도 잊고 살았습니다. 그러던 어느 날 친정어머니가 돌아가셨습니다. 슬펐습니다. 그렇게 시간이 지났습니다.

그러다 딸이 커가면서 문제를 일으켰습니다. 그것 때문에 너무 속상했습니다. 날이 갈수록 심각해졌습니다. 어느 날 딸이 가출하였습니다. 속상하고 아쉬운 마음에 가출한 딸을 기다리면서 문 밖에 서 있던 그녀가 문득 통곡하기 시작하였습니다. 갑자기 돌아가신 어머니의 사랑이 느껴진 것입니다. 이유도 없이 어머니가 느껴진 것입니다. 그래서 터진 통곡이었습니다. 남편이 그 소리를 듣고 "왜 그러느냐?"고 물었지만 답할 수 없었습니다. 그저 통곡만 나왔습니다. 어머니가 간절히 그리웠습니다. 견딜 수가 없었습니다. 그제야 어머니의 사랑을 깨달은 것입니다.

굳이 표현한다면, 그 딸이 어머니를 깨달은 것이 제자들의 경우로 보면 오순절 성령을 체험한 것입니다. 아는 것의 깊은 차원입니다. 진정한 앎, 온전한 깨달음에 이른 것입니다. 이제야 주님의 마음을 안 것입니다. 그 순간 짙은 그리움이 터져 나온 것입니다. 소위 말해 영적인 그리움입니다.

짙은 영적 그리움, 간헐적인 것이 아니라 매순간 자신을 지배하는 영적 그리움에 빠지는 순간부터 그 그리움에 더 깊이 들어서고 싶어집니다. 그런데 문제는 우리의 감각과 육체적인 것들, 지적인 것과 혼적인 것들이 우리가 하나님을 만나는 것을 방해한다는 것을 깨닫는 것입니다. 여전히 나의 관심사는 세상입니다. 그런 자신의 모습이 부끄럽습니다.

바울이 그토록 자신의 몸을 쳐서라도 복종하려고(고전 9:27) 한 것은 하나님과의 깊은 만남과 그리움을 방해받고 싶지 않아서입니다. 그때부터 육신을 통제하고 싶어집니다. 육을 파쇄하는 노력을 기울이게 됩니다. 주님을 더 깊이 만나고 더 깊은 사랑을 나누고 싶은 간절함 때문입니다. 결국 육체의 요청을 제한하고 하나님을 갈망하는 시도를 하게 됩니다. 그런 차원에서 우리가 하는 침묵기도는 모든 육체의 욕구를 청결하게 하고 하나님의 현존 앞에 거하려는 시도입니다. 그래서 렉시오 디비나 큐티는 말씀을 내 몸에 안에 두고 말씀이신 주님을 경험하고 사모하는 행위입니다.

간절한 사모함

드디어 우리에게 놀라운 일이 벌어집니다. 침묵기도와 렉시오 디비나를 거쳐 드디어 참된 '쉼'(컨템플라치오)에 이르게 될 때 우리에게 놀라운 능력이 생깁니다. 그것은 내 육체의 관심이나 나의 인간적인 마음으로 상황을 바라보는 것이 아니라 내 안의 영적인 깊은 자아(my inmost being)가 반응하는 것입니다. 쉽게 말하면 하나님과의 영적인 일치로 인해 하나님이 주시는 평안과 초월을 경험하는 것입니다.

'정신통합'을 쓴 로베르토 아싸지올리(Roberto Assagioli)의 표현으로 하면 '더 높은 자아'(higher self), 곧 하나님과 영적인 깊은 교제를 하고 있는 영적인 자아가 지금 현재를 바라보게 되는 것입니다. 이처럼 하나님과 친밀함에 이른 더 높은 자아가 현재를 바라보면서 현재의 문제는 전혀 문제가 되지 않습니다. 마치 하나님 나라를 경험하는 시각으로 이 세상의 상황을 보는 것과 유사합니다.

사실 지금까지 우리는 이 세상의 문제에 집착하였고, 그것이 우리의 영적 수준이었습니다. 그러므로 우리가 신앙수련을 더 추구해야 하는 이유는 우리의 영적 수준을 높이기 위함입니다. 그때 우리는 먼저 육과 혼에 지배받는 상태에서 벗어나게 될 뿐 아니라 영의 간절한 그리움을 만나게 되는 것입니다.

앞에서 읽은 시편 63편이 그런 단계에 이른 다윗이 쓴 시편입니다. 비록 다윗이 압살롬을 피해 유다 광야에 숨어 있지만, 그가 위험을 무릅쓰고 성소가 보이는 곳까지 찾아온 것은 그 간절한 사모함 때문입니다. 그곳으로 가까이 가지 않으면 죽을 것 같았기 때문입니다.

2당신을 그리면서 성소에 왔사오며 당신의 힘, 당신의 영광을 뵈오려 합니다. 3당신의 사랑, 이 목숨보다 소중하기에 이 입술로 당신을 찬양하리이다. _시 63:2-3, 공동번역

낮과 밤 할 것 없이 하나님을 그리워합니다. 잠을 이룰 수가 없습니다. 이미 영과 혼과 육이 주님으로 인하여 반응하고 즐거워하고, 주님을 사모하고 그리워하고 있었습니다.

잠자리에 들어서도 당신 생각, 밤을 새워가며 당신 생각뿐.
_시 63:6, 공동번역

야훼께 청하는 단 하나 나의 소원은 한평생 야훼의 성전에 머무는 그것뿐, 아침마다 그 성전에서 눈을 뜨고 야훼를 뵙는 그것만이 나의 낙이라. _시 27:4, 공동번역

이 같은 수준에 이른 순간, 그 사람은 이 세상에 매이지 않습니다. 오로지 주님이 삶의 전부가 됩니다. 주님을 아는 것으로 모든 것이 만족한 상태에 이릅니다. 바로 이런 사람이 세상이 감당할 수 없는 사람입니다. 우리가 그토록 추구하는 세상의 것들을 배설물처럼 여길만한 존재로 변했기 때문입니다.

8또한 모든 것을 해로 여김은 내 주 그리스도 예수를 아는 지식이 가장 고상하기 때문이라 내가 그를 위하여 모든 것을 잃어버리고 배설물로 여김은 그리스도를 얻고 9그 안에서 발견되려 함이니
_빌 3:8–9

셋째 수련 질문 : 드디어 다윗에게 육의 문제는 더이상 문제가 아니었
습니다. 전혀 다른 존재가 된 것입니다. 하나님과의 내적
일치가 이루어진 '더 높은 자아'의 시각으로 상황을 바라
보기 때문입니다. 그렇다면 나는 어떤지, 나의 내적 상태
를 적어보십시오.

_____

_____

_____

_____

_____

놀라운 갈망

드디어 영에 의해 육과 혼의 생각을 넘어서는 존재가 되면 정말
하고 싶은 것이 생깁니다. 자신의 혼적인 지식과 육체를 주를 위한
도구로 사용하고 싶어하는 간절함에 사로잡히는 것입니다. 육을 도
구로 삼아 살고 싶어지는 것입니다. 그것이 하나님과 하나가 되어
성령의 통치를 받는 영의 간절한 소원입니다.

제자들은 오순절의 성령체험 후에 이 놀라운 깨달음에 이르렀습
니다. 그때부터 육과 생각을 가지고 이 땅에 있는 동안 주를 위해 살
고 싶어졌습니다. 정말로 간절하게 사모하였습니다. 제자들은 주님

이 명령하신 주님의 지상명령(마 28:19-20)에 목숨을 겁니다. 그들의 육체와 생각으로 할 수 있는 일이었습니다. 그렇게 할 수 있다는 사실은 그들을 너무나 행복하게 만들었습니다. 행여 주를 위해 고통받거나 능욕당하면, 그것이 그들에게는 쾌락이었습니다.

> 사도들은 예수의 이름으로 말미암아 모욕을 당하게 된 것을 특권으로 생각하고 기뻐하면서 의회를 물러나왔다. _행 5:41, 공동번역

사라져버릴 육체를 가지고 주를 위해서 살 수 있다는 것은 끔찍한 즐거움이었고 쾌락이었습니다. 바울의 경우, 그것이 유일한 소원이었습니다. 그가 바라고 또 바라는 것은 그의 몸을 통해 그리스도가 존귀하게 되는 것이었습니다. 그것이 바울이 이 세상에 있는 동안 할 수 있는 일이었기 때문입니다.

> 내가 간절히 기대하고 소망하는 것은, 내가 어떤 일에도 부끄러워하지 않고 항상 그랬듯이 지금도 담대하게 원하는 것은 살든지 죽든지 내 몸을 통해서 그리스도가 위대하게 되시는 것입니다.
> _빌 1:20, 우리말성경

인생은 곧 끝납니다. 우리 육이 더 이상 쓸모없어질 때가 다가옵니다. 아무리 몸짱이라도 가꿀 수 없을 때가 옵니다. 우리의 지식과 생각이 아무리 많아도 사용할 수 없는 시간이 옵니다. 그런데 지금

그것을 사용하는 것입니다. 주를 위해서 말입니다. 얼마나 멋있는 삶입니까? 내 영혼의 간절한 소망을 따라 육과 정신을 사용하는 것입니다. 얼마나 즐겁습니까? 이것이 신앙의 즐거움입니다.

> 우리가 살아도 주를 위하여 살고 죽어도 주를 위하여 죽나니 그러므로 사나 죽으나 우리가 주의 것이로다 _롬 14:8

특별한 묵상 : 바로 위의 로마서 말씀을 쪽지에 쓰고 깊은 묵상 수행을 하십시오. 이 고백을 직접 경험해보십시오. 그리고 언제든지 깨달음이 오면 그 깨달음을 적으십시오.

_____

_____

_____

_____

제21일

하나님 안에서 길을 잃다

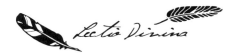

〈수도자의 큐티〉의 결론

우리가 큐티를 할 때 잊지 말아야 할 가장 중요한 것은 우리가 읽고 있는 성경이 영적인 책이라는 점입니다. 단순히 인간이 쓴 책이 아니라 "하나님의 감동으로 된 것"(딤후 3:16)이란 사실이지요. 그러므로 성경 말씀을 바르게 해석하고자 할 때 필요한 것은 우리의 인간적인 지식이 아니라 영적인 것이어야 합니다. 이런 까닭에 우리가 가장 영적일 때 하나님의 말씀을 바르게 읽고 깨닫게 되는 것입니다. 그래서 큐티에서 가장 중요한 것은 육체적인 것이 아닙니다. 하나님의 영의 통치를 받고자 하는 구도자로서의 삶입니다.

가장 깊은 곳

사실 우리의 육체가 말씀을 좋아하지는 않습니다. 우리 육체는 감각적인 것을 즐깁니다. 엄밀히 말해서 말씀을 좋아하는 것은 우리의 영입니다. 우리의 영이 하나님을 즐거워하고 사모합니다. 그 이유는 하나님이 우리를 지으셨고, 영을 불어넣으셨기 때문이고, 바로그 영이 거하는 곳에 하나님이 내주하시기 때문입니다. 성경에서 말하는 '가장 깊은 곳'(my inmost being in the inmost place)이 바로 그곳입니다.

주께서 내 장부를 지으시며 나의 모태에서 나를 조직하셨나이다
_시 139:13. 개역한글
주께서 나의 가장 깊은 곳을 지으셨으며, 나의 어머니의 뱃속에서
나를 만드셨습니다(하나님이 만드셨습니다). _쉬운성경
For you created my inmost being; you knit me together in my mother's womb.

중심에 진실함을 주께서 원하시오니 내 속에 지혜를 알게 하시리이다 _시 51:6. 개역한글
주께서는 진실한 마음을 원하시니 내 마음 깊은 곳에 지혜를 알려주실 것입니다. _우리말성경
Surely you desire truth in the inner parts; you teach me wisdom in the inmost place.

창세기에서 주님이 불어넣으신 하나님의 영이 계신 곳, 시편 139편은 그것이 하나님이 만드신 것이라고 말씀하십니다. 그렇기에 깊은 영성을 가진 이들은 그 기도의 깊이가 영의 깊이와 동일하였습니다. 시편 130편을 읽어보겠습니다.

1여호와여 내가 깊은 곳에서 주께 부르짖었나이다 2주여 내 소리를 들으시며 나의 부르짖는 소리에 귀를 기울이소서 3여호와여 주께서 죄악을 지켜보실진대 주여 누가 서리이까 4그러나 사유하심이 주께 있음은 주를 경외하게 하심이니이다 5나 곧 내 영혼은 여호와를 기다리며 나는 주의 말씀을 바라는도다 6파수꾼이 아침을 기다림보다 내 영혼이 주를 더 기다리나니 참으로 파수꾼이 아침을 기다림보다 더하도다 7이스라엘아 여호와를 바랄지어다 여호와께서는 인자하심과 풍성한 속량이 있음이라 8그가 이스라엘을 그의 모든 죄악에서 속량하시리로다

_시 130:1-8

"깊은 데서"(Out of the depths I cry to you, O LORD) 외치는 것은 내 안의 깊은 곳입니다. 시편 기자는 그 갈증을 이렇게 표현하였습니다.

5곧 내 영혼이 여호와를 기다리며 내가 그 말씀을 바라는도다 6파숫군이 아침을 기다림보다 내 영혼이 주를 더 기다리나니 참으로

파숫군의 아침을 기다림보다 더하도다 _시 130:5-6, 개역한글

I wait for the LORD, my soul waits, and in his word I put my hope. My soul waits for the Lord more than watchmen wait for the morning, more than watchmen wait for the morning.

거룩한 예배

그러므로 구도적 행위란 내 안의 영의 갈급함을 따라 행동하는 것을 말합니다. 육체적인 것이 아닙니다. 만일 지금 자신이 만난 육체적 상황 혹은 감정의 기복에 의해 큐티가 방해받고 예배가 소홀하게 여겨지고 있다면, 그 문제는 가벼운 영성에 기인하고 있음을 알아야 합니다. 클레르보의 성 버나드는 이렇게 말했습니다.

"말씀과 영혼의 연합 안에 뭔가 육체적 요소가 있다고 믿는 것처럼 상상하지 말아야 한다. 이것은 영의 연합이다. 하나님은 영이시기 때문이다. 이 말씀은 소리로 오지 않고 침투한다. 말하지 않고 영혼에 작용한다. 귓전을 때리지 않고 심령을 간질인다. 이것은 형체가 없되 영혼에 형체를 찍는 그분의 얼굴이다. 육신의 눈을 덮치지 않고 심령의 안색을 즐겁게 한다." (〈묵상의 능력〉) [109]

언제나 영은 육을 넘어섭니다. 아싸지올리가 얘기한 것처럼 하나

님 안에서 쉼을 얻는 '더 높은 자아'는 현재 상황에 따라 움직이는 '자아'(지금 만나고 있는 고통과 기쁨의 상황 등 모든 희노애락의 상황에 영향 받는 자아)의 고민을 넘어 참 자유를 얻게 합니다. 그때 상황에 구애받는 것에서 벗어나는 것입니다. 이것이 예수님이 주신다고 하신 바로 그 평안입니다.

> 평안을 너희에게 끼치노니 곧 나의 평안을 너희에게 주노라 내가 너희에게 주는 것은 세상이 주는 것과 같지 아니하니라 너희는 마음에 근심하지도 말고 두려워하지도 말라 _요 14:27

그런데 우리의 문제는 하나님을 육체적으로 생각하고 육체적인 방법을 동원해서 하나님을 믿으려 하며, 심지어 큐티조차 육체적인 즐거움을 추구하는 방법으로 하려는 것입니다. 그래서 우리가 말씀을 읽고 큐티를 하지만 건조한 큐티, 성경적인 지식을 채우는 행위로 끝나고 마는 것입니다. 이런 우리를 향해 토마스 머튼은 이런 얘기를 하였습니다.

> "우리 안에 무한한 하나님을 품고 살면서도 실제로는 그분을 전혀 모르는 그리스도인들이 수없이 많습니다. 영혼에 심겨진 묵상과 거룩함의 씨앗은 그저 잠만 잘 뿐입니다. 하나님은 이런 영혼들에게 자신을 보이지 않습니다. 그들이 하나님을 진정으로 갈망하지 않기 때문입니다." (《묵상의 능력》48)

다시 강조하지만, 큐티는 단순히 지적인 운동이거나 인생의 교훈을 찾는 노력이 아니라 말씀으로 하나님을 만나는 구도적 행위입니다. 그때 그동안 세상에 눌려 있던 영적인 자아가 깨어나 자유롭게 하나님의 음성을 듣고 반응하고 행동할 것입니다. 그때 온전한 예배가 되는 것입니다. 드디어 우리가 하나님을 얼굴과 얼굴을 맞대듯이 만나는 것입니다. 단순히 묵상의 깊이 속에서만이 아니라, 우리가 언제나 하나님을 만나는 진정한 묵상가가 되는 것입니다.

"우리의 내적 자아에 성령이 임재하셨으니, 외적이고 이기적이며 허구적인 자아에 대한 집착만 벗어버리면 우리 안에 계신 하나님을 발견할 수 있습니다." (〈묵상의 능력〉) 45)

하나님 안에서 길을 잃다

이때 벌어지는 가장 중요한 현상이 바로 하나님 안에서 길을 잃는 것입니다. 내가 주장하고 고집하던 길을 잃어버리고 하나님이 인도하시는 길을 따라가기 때문입니다.

욥을 보면 잘 알 수 있습니다. 욥은 하나님이 인정한 참으로 의로운 사람이었습니다. 욥 자신도 하나님을 잘 알고 있었습니다. 그는 가장 행복한 신앙인이었습니다. 그는 빗나간 삶을 살지 않았습니다.

11내 발이 그의 걸음을 바로 따랐으며 내가 그의 길을 지켜 치우치지 아니하였고 **12**내가 그의 입술의 명령을 어기지 아니하고 정한 음식보다 그의 입의 말씀을 귀히 여겼도다 _욥 23:11-12

그런데 하나님은 욥의 이 같은 행위에 영향 받지 않으셨습니다. 욥은 그것을 알고 있었습니다. 그래서 욥은 이렇게 두려워했던 것입니다.

13그는 뜻이 일정하시니 누가 능히 돌이키랴 그의 마음에 하고자 하시는 것이면 그것을 행하시나니 **14**그런즉 내게 작정하신 것을 이루실 것이라 이런 일이 그에게 많이 있느니라 **15**그러므로 내가 그 앞에서 떨며 지각을 얻어 그를 두려워하리라 _욥 23:13-15

욥은 아무 것도 할 수 없었습니다. 여기서 알아야 할 것은 욥의 믿음 상태입니다. 그의 믿음 상태는 최고였습니다. 하나님도 인정하였습니다.

여호와께서 사탄에게 이르시되 네가 내 종 욥을 주의하여 보았느냐 그와 같이 온전하고 정직하여 하나님을 경외하며 악에서 떠난 자는 세상에 없느니라 _욥 1:8

더욱이 모든 소유물을 강도에게 빼앗기고 태풍으로 나머지 재산이

날아가고, 심지어 자녀들이 참사로 다 죽었음에도 불구하고 욥은 흔들림이 없었습니다. 완벽한 믿음이었습니다.

> **20**욥이 일어나 겉옷을 찢고 머리털을 밀고 땅에 엎드려 예배하며 **21** 이르되 내가 모태에서 알몸으로 나왔사온즉 또한 알몸이 그리로 돌아가올지라 주신 이도 여호와시요 거두신 이도 여호와시오니 여호와의 이름이 찬송을 받으실지니이다 하고 **22**이 모든 일에 욥이 범죄하지 아니하고 하나님을 향하여 원망하지 아니하니라
> _욥 1:20-22

참 기막힌 믿음입니다. 하지만 그의 어떤 의로운 행위도 하나님을 감동시키거나 무엇에 영향을 줄 수 없다는 사실을 욥이 경험합니다. 그래서 욥이 길을 잃은 것입니다. 드디어 욥이 아무 것도 모르겠다고 고백합니다.

> **8**그런데 내가 앞으로 가도 그가 아니 계시고 뒤로 가도 보이지 아니하며 **9**그가 왼쪽에서 일하시나 내가 만날 수 없고 그가 오른쪽으로 돌이키시나 뵈올 수 없구나 _욥 23:8-9

이것이 진실입니다. 드디어 욥은 모르는 것을 안 것입니다. 소위 진리를 안 것입니다. 이것이 욥의 신앙의 깊이입니다. '모르는 것을 아는 것'(Knowing the Unknowing)입니다. 모든 구도적 종교들이 진

리에 이르면 고백하는 것입니다. 이것이 십자가의 성 요한이 말한 '감각의 밤'의 경험입니다. 모르는 것입니다. 마치 블랙홀 같은 경험입니다.

그러므로 신앙이 더 깊어진 것 같은데 더 모르게 된다면 제대로 걸어가고 있는 것입니다. 내가 주장하는 유아기적 신앙의 구조에서 벗어나 성숙한 신앙으로 들어서고 있기 때문입니다.

하나님 안에서 길을 찾다

물론 대부분의 경우는 싸움을 시작합니다. 의로웠던 욥도 하나님과 싸우기 시작했습니다. 급기야 욥은 하나님께 제대로 따지기 시작합니다. 욥기 31장, 그 유명한 욥의 자기 변론입니다.

4그가 내 길을 살피지 아니하시느냐 내 걸음을 다 세지 아니하시느냐 5만일 내가 허위와 함께 동행하고 내 발이 속임수에 빨랐다면 … 7만일 내 걸음이 길에서 떠났거나 내 마음이 내 눈을 따랐거나 내 손에 더러운 것이 묻었다면 … 9만일 내 마음이 여인에게 유혹되어 이웃의 문을 엿보아 문에서 숨어 기다렸다면 … 13만일 남종이나 여종이 나와 더불어 쟁론할 때에 내가 그의 권리를 저버렸다면 … 16내가 언제 가난한 자의 소원을 막았거나 과부의 눈으로 하여금 실망하게 하였던가 … 19만일 내가 사람이 의복이 없이 죽어가는 것이나 가난한 자가 덮을 것이 없는 것을 못본 체 했다면 … **35**누구든 지 나의 변명을 들어다오 나의 서명이 여기 있으니 전능자가 내게 대답하시기를 바라노라 나를 고발하는 자가 있다면 그에게 고소장 을 쓰게 하라 _욥 31:4-5,7,9,13,16,19,35

"전능자가 내게 대답하시기를 바라노라." 하나님도 의롭다고 인정한 욥에게 하나님은 무엇인가를 설명해야 했습니다. 난감한 상황이 었습니다. 그때 하나님이 "폭풍우 가운데에서"(욥38:1) 말씀하기 시작하셨습니다. 그런데 그 시작부터 기가 막혔습니다.

4내가 땅의 기초를 놓을 때에 네가 어디 있었느냐 … **16**네가 바다의 샘에 들어갔었느냐 깊은 물 밑으로 걸어 다녀 보았느냐 … **32**너는 별자리들을 각각 제 때에 이끌어 낼 수 있으며 북두성을 다른 별들 에게로 이끌어 갈 수 있겠느냐 **33**네가 하늘의 궤도를 아느냐 하늘 로 하여금 그 법칙을 땅에 베풀게 하겠느냐 _욥 38:4,16,32-33

도무지 인간은 알 수 없고, 오로지 하나님만이 아시며 하실 수 있는 기막힌 말씀들을 계속 이어가셨습니다. 그것은 무려 38장부터 41장까지 이어졌습니다. 욥은 하나님의 말씀을 들으며 아무 말도 할 수 없었습니다. 욥이 알았기 때문입니다.

그때 욥은 모든 것을 알 수 있었습니다. 자기가 모르는 것, 아무 것 도 아닌 것을 안 것입니다. 이것이 바로 하나님을 앎으로써 모르는 현상입니다. 즉 "아는 것을 모르는 것"(Unknowing the Knowing)입니다.

> 부질없는 말로 당신의 뜻을 가린 자, 그것은 바로 저였습니다. 이 머리로는 헤아릴 수 없는 신비한 일들을 영문도 모르면서 지껄였습니다. _욥 42:3, 공동번역

정확히 말해서 욥이 지금까지 알고 있었던 것은 전부가 아니었습니다. 욥은 하나님 안에서 길을 잃었지만 그때 비로소 길이 보인 것입니다. 이제야 진정한 지식에 이른 것입니다. 드디어 이 놀라운 고백을 한 이유입니다.

> 내가 주께 대하여 귀로 듣기만 하였사오나 이제는 눈으로 주를 뵈옵나이다 _욥 42:5

이제 비로소 욥은 온전한 신앙에 들어섰다고 할 수 있습니다. 이처럼 우리도 신앙의 엄청난 깊이와 하나님을 아는 지식에 이르는 순간 모르는 것을 경험하게 될 것입니다. 그때 우리는 큐티의 놀라운 세계, 곧 '말씀이 말씀하시는 신비'를 체험하게 되는 것입니다. 내가 성경을 해석하는 것이 아니라 하나님을 기다리는 기막힌 그리움과 간절함으로 말씀을 대하기 때문입니다. 마틴 루터가 말했던 "성경은 스스로 자신을 해석한다"는 말의 의미를 드디어 알게 될 것입니다.

비로소 온전한 큐티에 이른 것입니다.

큐티 수련

큐티는 하나님 안에서 길을 찾는 것입니다. 이 거룩하고 아름다운 길에 들어서길 사모하며 걸어온 지난 시간 동안의 수련을 마치게 됨을 진심으로 축하합니다. 그러나 중요한 것은 바로 지금부터입니다. 수련의 열매는 지금부터 계속되는 큐티에서 이루어지기 때문입니다.

큐티를 해가면서 명료하게 보이지 않고 '잘 가고 있는가?' 하는 의심이 들지도 모릅니다. 더욱이 말씀이 들리지 않을 때 더욱 그럴 것입니다. 그래서 내려놓고 싶어집니다. 그것이 하나님 안에 있기에 길을 잃는 현상입니다. 나의 지식이, 나의 머리로 이해하는 것의 한계를 만난 것입니다. 하나님 때문입니다. 그때 하나님이 나를 이끄시도록 모든 주권을 넘기셔야 합니다. 그러면 하나님이 우리의 길을 보여주실 것입니다. 그분이 '길'(the Way)이라는 말의 의미를 알게 될 것입니다. 그것이 하나님 안에서 길을 잃음으로 길을 찾는다는 의미입니다.

마지막으로 숙제를 드립니다. 앞으로 어떻게 살 것인지, 묵상하는 수도자서의 삶에 대한 계획과 다짐을 적으시기 바랍니다.

'묵상하는 수도자'로서의 삶에 대한 계획과 다짐